15岁的剑桥生

A fifteen-year-old Cambridge student

胡世宗◎著

沈阳出版发行集团
沈阳出版社

图书在版编目（CIP）数据

15 岁的剑桥生 / 胡世宗著 . —沈阳：沈阳出版社，2019.12

ISBN 978-7-5716-0661-9

Ⅰ . ① 1… Ⅱ . ①胡… Ⅲ . ①儿童教育—家庭教育 Ⅳ . ① G782

中国版本图书馆 CIP 数据核字（2019）第 289880 号

出版发行：沈阳出版发行集团|沈阳出版社
（地址：沈阳市沈河区南翰林路10号 邮编：110011）
网　　址：http://www.sycbs.com
印　　刷：辽宁泰阳广告彩色印刷有限公司
幅面尺寸：145mm × 210mm
印　　张：6
字　　数：115千字
出版时间：2020年1月第1版
印刷时间：2020年1月第1次印刷
总 策 划：张　闯　闫志宏
责任编辑：周武广　张　畅
封面设计：杨　雪
版式设计：润泽文化
责任校对：杨　静
责任监印：杨　旭

书　　号：ISBN 978-7-5716-0661-9
定　　价：38.00元

联系电话：024-62564985　024-24112447
E - mail：sy24112447@163.com

▼ 段治先的毕业典礼

▲ 治先初识围棋

▲ 治先小时候

▲ 治先向舅舅胡海泉学写歌

▲ 从妈妈掐表开始的转变

▲ 治先与家人

▲ 治先与家人

治先与“少儿班”
班主任梁晓光老师

当时剑桥面试并录取治先
的老师詹姆斯·基勒博士

▲ 治先与爷爷奶奶

▲ 治先与爸爸妈妈

▲ 治先（左 3）与同学们

▲ 家人参加治先的毕业典礼

▼ 和小树一起成长

赢在起跑线？人生是一场马拉松

我的姐姐海英生下外甥的那一年，我已经离开老家沈阳开始了北漂生活。每年回老家的时间很少，尽管也算是看着外甥治先一路长大的，但还是缺失了很多和他在一起的时光。因为有一个令他骄傲的音乐人明星舅舅，治先从几岁的时候就能唱出很多完整的我的作品。在他的成长过程中，我除了扮演榜样的角色，真的没能给予他更多直接的关怀和教导。这一点，我很遗憾。

不过，值得庆幸的是，他从没让我失望。五六岁跟着他姥爷姥姥到北京来看我，就学着舅舅的样子开始在钢琴前尝试给自己写的小诗谱曲。小小年纪就敢和他爸爸的棋友们在围棋盘上对弈……

而时光一转，我记忆里那个在饭桌下面蹒跚学步的外甥，已经站在了北京机场国际出发厅的关口向全家人告别，独自踏上海外留学的征程。那一年，他才满 13 岁。

人生有很多偶然，也有很多必然。除了我姐姐姐夫给他的基因之外，他的运气应该很不一般。每每有人赞叹说我的外甥“15 岁就被剑桥大学录取，简直就是神童”，我都在想：是的，他足够聪颖，足够自控，但更重要的是他赶上了小学毕业时那次直升加速提高班的机遇，遇到了对他有知遇之恩的老师们，还有能够豁达而不从众的面对他成长中所有小坎坷和小挫折的父母，等等。每一个命运中的机会，治先都有幸抓住了，幸运的叠加和彼此的关联，最终成就了这个15岁的剑桥生。

我本人对于“读名校高人一等”这种观念并不认可，就像我也不认同小朋友们“赢在起跑线”就能成就未来一样。好的教育，应该塑造一个人的品格，那关乎一辈子活着的质量。当代的教育在变得社会功利和务实方面已经很足够了。我们更应该反思：一个人的成长，学习精神与学习热情是多么的重要！

兴趣是最好的老师，热爱是攻克难关的武器。治先凭借看喜欢的日本动漫就自学成流利的日语，不就是最好的例子吗？所以，我觉得我的外甥应该感谢一切他感兴趣的、好奇的、热爱的东西，并将这样的学习热情和习惯保持一生！

治先即将从剑桥毕业要参加实习就业的时候曾郑重地向我讨教。我的答案有两个方面：1. 不要人云亦云，要问问自己内心，对什么才有不息的热情？ 2. 哪个领域是中国在未来几十年最有前途也最需要专业人才的地方？而这些是留在英国能够学习到的。他后来的选择也真的深思了我的建议，我很骄傲！

人生是场马拉松，靠短跑加速的爆发力或者一时间从背后吹来的劲风都只能领先一时。最后，我想对亲爱的外甥说：无时无刻别忘了加速向前；要减小生活的风阻，靠的是圆润而非圆滑；而圆润，靠的是心灵的富足以及心境的豁达，舅舅与你共勉！

哦，我忘了一句话：舅舅又有很多要“淘汰”给你的旧衣服了，下次回家带给你。从16岁就开始穿舅舅的衣服，应该还没嫌弃吧？舅舅的旧衣服有魔力，能一直带给你勇气！

胡海泉（著名音乐人、投资人）

2019年10月25日于新加坡飞上海SQ832航班上

让孩子的思想自由翱翔

闻悉胡老爹的新作《15 岁的剑桥生》即将出版的消息，我感到非常兴奋和激动。1995 年参加钧哥的婚礼时，亲历海泉以琴伴奏献给姐姐的动人歌曲，那是我与胡氏家族初相识。我的母亲优秀教师郭珏林女士有三个姐姐，我的名字是大姨郭莹林起的，我小时候和大姨的二儿子钧哥感情最好，至今钧哥也是我事业的合伙人。钧哥就是胡老爹的女婿，《15 岁的剑桥生》的主人公段治先是钧哥的独子，也是我的侄儿，这是我和胡氏家族的渊源。

胡老爹的成就和文采对于我这个晚辈来讲，形容“如日之辉”一点不为过，我之所以还敢班门弄斧应邀为胡老爹新书写序，主要因为我与侄儿治先的缘分。治先去英国读书的时候，我们大家经济条件都不太好，我和钧哥的事业也刚起步，对于英国那么昂贵的学费，钧哥也是心存忌惮，确实是我的一再鼓励与支持，钧哥才最终决定送孩子去英国。从治先以最小入学年龄的孩子被剑桥录取，到后来又以全优成绩在剑桥毕业来看，我们当初的决定是正确的。

在我看来，治先教育的成绩来源，一是从小就给孩子定下良好的做人准则，二是给孩子足够自由成长的空间，二者缺一不可。中国古训讲:“孝悌忠信礼义廉耻。”这实际就是在讲做人的规矩。《荀子·礼论》言：“规矩诚设矣，则不可欺以方圆。”《史记·礼书》：“人道经纬万端，规矩无所不贯，诱进以仁义，束缚以刑罚。”这些古训告诉我们，教育孩子都必须要讲规矩且赏罚分明，懂规矩要奖励、不守规矩要严厉处罚，只有这样才能让社会在合理的经纬之下前进而不至于混乱。“给孩子立规矩，越早越好”首先讲的就是立规矩的理念。

立下规矩后，只要孩子守规矩，做事情有原则，就要给他足够的自由成长空间，绝不能用父母的理念代替和干涉孩子的成长，我想这个理念也确实是治先成功的前提因素。

让孩子的思想自由翱翔，记得治先刚上剑桥读书的时候，有一次我去接他，在车里他竟然和我探讨西方科学实验室里有关“灵魂质量”的话题，这是大胆又前卫的想法，我们姑且不论探讨的结果如何，我们对孩子的自由思想都是大加赞赏并鼓励的，孩子有权利研究所有未知的世界！

《15 岁的剑桥生》告诉大家的是教育孩子的方法论，正确的方法论一定是以德为先的，而德育教育恰恰是当今应试教育严重缺乏的。棋圣吴清源大师说得好：“驾驶技术再高明，开错了方向永远也达不到目的地！”祝愿更多的读者在阅读此书后给孩子一个规矩、快乐、自由的一生！

王 宁（著名财经博主、“跑赢大盘的王者”）

2019 年 10 月 27 日于沈阳

目 录
contents

第3章 身教胜于言教

第4章 孩子都会犯错，家长怎么办?

第5章 注重孩子品性的塑造

置身剑桥毕业典礼现场的感动

接到外孙段治先从英国发来的参加他的剑桥大学毕业典礼邀请函的那一刻，所有家人都为之感到兴奋和自豪，我忽然觉得剑桥不再是那么遥远、那么神秘了。剑桥无疑是当今世界一所很知名的大学，只是因为自家孩子在那里读书和毕业，忽然觉得对它似乎很熟悉、很亲近了。

亲历剑桥毕业典礼让我颇长见识。

剑桥大学是位于英国英格兰剑桥市的一所公立研究型大学，始创于1209年，也是世界上第二古老的大学。剑桥大学和牛津大学经常被合称为“牛剑”，就像在中国，北京大学和清华大学一样并列闻名于世。剑桥现设31个学院，基本涵盖了所有的科学与人文学科，它开设本科、研究生以及博士专业上百个。

这样一所世界名校，你走在它充满文化气息的街衢里，会觉得是那么清静，没有一丝一毫的嘈杂，听到的是远近啾啾好听的鸟叫，甚或在早上还会听到雄鸡的啼鸣。但是，剑桥始终在静静地发声，剑桥发出的是世界上科学的强音，却从不张扬，从不喧嚣。

剑桥是世界知名科学家的摇篮和栖息地。治先给我讲了分布在剑桥各个学院里的各个学科的在世界上都很有名的科学家，就是给他们上课的老师，也经常是世界上在这一领域出类拔萃的人物，他们写的书，都极受重视，他们编的教材，在全英国甚至在全世界都在使用着。

我看到草坪上停落的轻巧的小鸽子，它们信步而行，走走停停，啄食草籽儿，人们走到它们身边，它们竟“目中无人”，继续着自己的事情。似乎连这里的小鸟也有了剑桥人专注的精神。

治先还带着我们到剑河上缓缓荡舟，而他，悠然地站立船尾独自撑竿向前划行。剑河中的鸭子和白鹅就在你的船边与你亲近着，让你感到此时此地人与自然无比的和谐。

剑桥大学的毕业典礼自然成为每年的盛大节日，也是剑桥这座大学城最喜庆、最热闹的时刻。

剑桥的毕业典礼一般会持续三四天，因为学生比较多，毕业典礼的地方比较小，需要排很多场。剑桥大部分毕业生在学年末毕业。但也有学生选择其他的毕业典礼日期，比如说博士生的毕业时间取决于什么时候通过毕业论文答辩，而不是按学期毕业。

这所古老的大学城街道狭窄，特别是国王大道两侧，几乎没有任何新式的现代建筑。剑河水清幽幽地流过市区，悄悄地穿过一些声名卓著的学院，缓缓地流向远方。

我们和治先在校园里散步，走到一棵小树旁边，治先站在这树下，也像一棵小树，他在这里读书的几年光阴就这样平静而充实地度过了。他和这棵小树一样在这里长大了！

当我置身庄严神圣的剑桥毕业典礼，我想到了治先从小到大的成长历程，心里涌满了感动……

第1章

给孩子立规矩，越早越好

俗话说，无规矩不成方圆，教育孩子最重要的一条是立规矩。

规矩是什么？首先是礼貌。“父母呼，应勿缓，父母教，须敬听。”千百年来，中国一直是最讲规矩的国家，吃饭有吃饭的规矩，客来有迎送的规矩，孩子从小要学的是《弟子规》。

规矩定了，还需要持之以恒地坚持，所以，家长对孩子要有把控力。家长还要有原则性，告诉孩子哪些事可以做，哪些事不可以做。

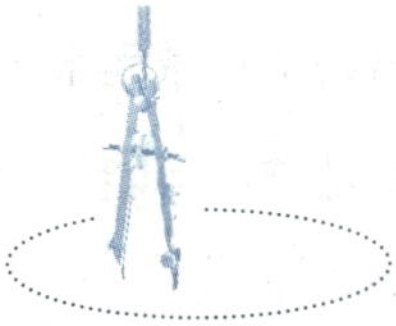

◎ 立规矩必须“狠点心”

回想起治先两岁半的时候还没上幼儿园，那时他爸爸承钧和妈妈海英把他寄放在舅姥家。长辈对治先照顾得无微不至，就是在吃饭的时候，得在后面追着喂。

追着喂孩子肯定不是好办法。

后来，治先四岁时上了幼儿园。一个星期天，爸妈都在家，到了中午吃饭的时候，治先玩玩具玩得正在兴头上，喊他吃饭，他说不饿。爸爸喊了几遍，他也不来。爸爸说，你怎么不来吃饭？他说，我不饿。爸爸对他说，咱们说好了，现在是中午 12 点，你不来吃午饭，再吃就是晚饭，吃晚饭的时间是下午五六点钟，天就黑了。治先连说，没事没事，不饿不饿。

等到了下午两三点钟的时候，治先饿了。一个孩子怎能不饿？莫说孩子，就是大人，从早饭过后挺到下午两三点钟也受不了啊。

治先向爸爸妈妈要吃的。爸爸妈妈都说没有，说你得挺到晚上五六点呢。治先饿得实在不行了，就到处翻，平时放在外面的饼干和糖果什么的，都被爸爸妈妈特意藏起来了，爸爸妈妈告诉他，吃的东西什么也没有，就是有也不能给他吃。因为现在不是开饭的时间，不可能备零食给他。

爸爸很耐心地对他说，这是咱们讲好了的，中午开饭的时候，喊你吃饭，你说你不饿，不吃。当时爸爸告诉你，你现在不吃，再吃饭就得到吃晚饭的时间了。你说行，说不饿。所以，无论你怎么饿，也得等到晚上开饭时才能吃饭。

治先就大声哭起来，坐在地板上两腿使劲儿蹬着，两手抹着眼泪儿，这时的他也确实是饿得不轻了。妈妈这时也有点受不了，真的很心疼孩子。能不心疼吗？那么点儿个孩子饿得哇哇哭，也不是没有吃的给他，当时妈妈真想给他吃，就和爸爸商量。爸爸说，这时你给他吃，咱们这次教育就失败了；如果这次失败了，以后教育就很难奏效了。所以不得不“狠”点心。

爸爸说服了妈妈，两个大人统一了思想认识，在这样立规矩的问题上，不“狠心”不可能收到好的教育效果。

从此以后，按时吃饭，过时不候，就作为规矩在治先成长的过程中树立起来了。

◎ 从妈妈掐表开始的转变

治先五岁的时候，爸爸单位同事的女朋友教授“新新数学”，并且要完成“业绩”，就是需要提高参加学习孩子的数量。于是，爸爸就给治先报了名。

“新新数学”学的是 10 和 20 以内的加减法。每周老师教一回，讲完课给留作业，每天要做 20 道题。治先每天从幼儿园回来，第一件事就是做作业。妈妈观察他，也许是小孩子的通病，安不下心好好做题，磨磨蹭蹭，东瞅瞅，西望望，一会儿去喝口水，一会儿又去上个厕所，一会儿到窗台去看看风景，一会儿玩会儿铅笔，一会儿弄会儿橡皮。妈妈看在眼里，想在心里，怎么才能让他专心致志呢？

一个孩子只有专心致志才能学好功课。

一个人只有专心致志才能成就大事。

妈妈也真有心，真有办法。她没有对治先的分心散神状态进行批评，而是和颜悦色地对治先说：“你做你的题，我用手表给你掐时间，看你多长时间完成这 20 道题，好不好呀？”

治先一听，立即来了精神，表示赞同，觉得这样写作业挺有趣儿，也想知道自己完成这 20 道题的作业，到底用了多长时间。

妈妈在旁边掐表，治先全身心地做作业，等 20 道题全做完，妈妈告诉他用了多少分钟零多少秒，再看多少题做对了，多少题做错了。然后把用了多长时间和对错的数量，都写在治先做作业的练习册卡片上，记录在案。

第二天仍然是这样，治先在妈妈掐表的情况下开始做作业，仍然把用的时间和对错情况记录下来，再看是不是比前一天用时减少了，是不是做对的题也比前一天多了。

就这样，掐表做作业坚持了三周，每天都这样进行。治先都是在掐表的情况下，完成了老师留下的作业。

从此，治先每天做作业的时间都会相对缩短，写出来的作业正确率也越来越高。治先在完成老师布置的作业时，全神贯注，再不分心走神。

治先做作业时专心致志，写得又快，质量又好，逐渐养成了习惯。后来妈妈不给他掐表了，他仍然像妈妈掐表时一样自觉地全身心地写作业。

儿童教育家叶圣陶说过："人类的动作十之八九是习惯，而这种习惯又大部分是在幼年养成的。所以，幼年时代应当特别注意习惯的养成。"

直到治先上了小学，不用家长督促，放学回家第一件事就是做作业，写作业时就是写作业，不会三心二意，心无旁骛，不写完作业不会去玩，作业完成了再去玩，这样也玩得痛快，玩得开心。

治先从小到大，直到上了初中和高中，学习上不用大人陪伴，不需要大人监督盯看，就是因为养成了这样一个好的习惯。对于成长中的孩子，有好的学习习惯，甚至比有聪明的头脑还要重要。

◎ 教育孩子是个斗智斗勇的过程

规矩的建立，就是家长和孩子“斗争”的结果，在这“斗争”中，家长赢了，规矩就建立起来了。规矩建立起来后，对孩子的要求就能贯彻；孩子要是赢了，规矩就失败了。规矩失败了，以后孩子想咋样就咋样了，要想管束就难上加难了。

在幼儿园门口，常常有小商小贩在街边摆卖一些玩具和小食品。送孩子进园或放学接孩子出园时都会看到。

家长领孩子从这里经过时，有的孩子会拉着家长让买这个，让买那个，有时不给买，孩子就撒泼、撒野，甚至在地上打滚，不买不行，不给买就不进幼儿园，不给买就不回家。

治先也曾用不进幼儿园这一条来要挟爸爸妈妈，非要买他要的玩具不可。

这种时候，家长需要给孩子讲道理。妈妈就给治先讲，你上幼儿园就像妈妈上班一样，这是很正常的事情。妈妈上班，是妈妈这个年龄应该做的事；你上幼儿园，是你这个年龄应该做的事。不能拿买玩具、买小食品，作为和爸爸妈妈交换的条件，你今天要买袋爆米花，明天要买个小汽车，用这个作为你上幼儿园的条件，这肯定是不对的，不能按你的要求来办。妈妈不能答应你。街上卖的东西，卫生条件不能保证。街上卖的小食品是不安全的。你要买雪糕，买棒棒糖，可以啊，但不能在这种地方买，咱们到家门外的那个超市去买。你要买玩具，也可以。很多玩具对开发孩子智力有好处，周日休息时，爸爸妈妈带你去商场买。

虽然未在幼儿园门口买玩具，但孩子的玩具却从来都不缺。只是买玩具不能作为孩子上幼儿园的一个前提条件。孩子想买的玩具，看其他小朋友手上的玩具很喜欢，都可以告诉爸爸妈妈，但肯定不能在幼儿园门口买，我们到大的超市或商店去买；雪糕之类，也是不能在幼儿园门口买，可以到家附近的超市买，买了雪糕，也不能在冰天雪地的外头吃，妈妈告诉他，我们不能在外面边走边吃，有凉风吹着，这样把凉风也吃到肚子里会坐病的，我们到了家里再吃。

治先听妈妈这样讲，觉得有道理，就不再缠着妈妈在幼儿园门口的小商小贩手里买东西了。

对孩子的要求，是有区别地满足，不是他想要的就得给，不是他什么时候要，就什么时候给。那样做就是惯孩子。

◎ 不能什么事都由着孩子的性子来

在孩子小的时候，通常都有固执的一面，治先小时候也不例外。

有一回是大冬天，姥姥到幼儿园接治先步行回家，大约要走半个小时左右。因为雪大，天也快黑了，路不好走。姥姥要领他走大路，在一个拐直角的楼外面走。治先要求走近道，即走楼内侧的小道。因为楼内侧的小道不好走，没路灯，也没有扫雪，深一脚浅一脚的。姥姥坚持领治先从楼外面走过来，大冬天很冷，走得治先的棉手套都甩丢了。

到了家门前，治先说什么也不上楼，什么原因呢？姥姥没有按他说的抄小道回家。治先一定要重新按他的意愿去走那个抄近的小道。

姥姥说，咱们都到家门口了，天也黑了，改天回来时再走那个小道吧。治先不答应，因为他要走小道的愿望没有实现，他不开心。

住在同一个大院的幼儿园老师看到了，也过来劝治先，天黑了，路不好走，又这么冷，好不容易回到家了，就听姥姥的吧。

治先说什么也不答应。姥姥与治先僵持不下，最后姥姥让步了，带着治先重新回到那段路上，走了治先要求走的小道。

对这件事，至今有两种观点，一种是妈妈说的，说这就是助长“小霸王”脾气的一个例子，家长对孩子不能做这样的让步；另一种也有人说，姥姥这样做，尊重了孩子的意见，满足了孩子的愿望，保护了孩子的天性，是长辈一种爱的体现，这对孩子成长是有益的。

对于一个家长，爱孩子、心疼孩子都是对的，都是好的，但惯孩子是最要不得的。在孩子成年前，家长要对他有“把控力”，要心明眼亮地和他“斗智斗勇”，你进一点，他就退一点；你退，他就进。不能由着孩子的性子来，不能因为孩子小，就听之任之。

隔辈老人有意见是可以提的，也可以对孩子的爸爸妈妈某些不当做法提出批评，可以发表自己的意见，但大人们一定要背着孩子而不是当着孩子的面来研究这些事。

孩子任性是可怕的。家长如果没有原则，对孩子失去控制力，孩子可能就无法无天了，许多孩子小时候养成的毛病，长大是很难扳回来的。

这么说，好像父母很无情似的，其实这是父母对孩子感情最深的体现。

建立规矩，对孩子一生的成长是最重要的基础。

家长定的所有规矩，都要严格地执行，不要找借口，出偏差。孩子的教育就在这一点一滴中进行，孩子的好习惯也是这样一点点养成的。让孩子做到的，家长必须自己要做到，这也是规矩的一条。

立规矩是非常重要的一个教育理念，如何把立规矩坚持下来，这个过程就需要家长对孩子的把控力。再好的教育理念，孩子要是不听，你对孩子就没有那么强的影响力，你说的就是没用，都白费了。所以，对孩子的把控力，作为家长必须要有。

第2章

让孩子像孩子一样长大

一个负责任的家长，必须观察、了解和确认孩子到底有什么特长、喜欢什么。爱孩子，关心他的成长，这是最基本的功夫。

发现孩子真的喜欢什么，再给他全力支持和保障，让他自由自在地发展，绝对不可以把家长喜欢的硬塞给孩子。

家长在教育孩子的过程中，最难做到的是适当地放手，培养孩子的独立性。

◎ 细心发现和精心保护孩子的灵性

治先刚进幼儿园不久，一次妈妈带他下楼，楼外有三个垃圾箱，其中一个垃圾堆得冒尖了。刚会说话的治先对妈妈说：“妈妈，这个垃圾箱是最火的！”妈妈问：“儿子，什么意思？”治先说：“大家都把垃圾扔这个箱里，所以它最火。”妈妈很惊奇刚学会说话的治先能用“火”这个词。这说明，一是孩子善于观察，三个垃圾箱有一个是人们投放垃圾相对多的；二是孩子善于用刚刚流行的词语来描述和形容自己观察的结果。小小孩子，善于观察，善于动脑，也善于描述，这让当妈妈的注意到了。

也是治先这么大的时候，海英妈妈一个同事家生了个小妹妹，有自然卷儿的头发，长得像洋娃娃似的。治先看到后，对妈妈说：“妈妈，是不是阿姨怀小妹妹时，方便面吃得多啊？”

你看，孩子首先观察到方便面的细丝是弯曲的、打卷的，然后对照小妹妹自然卷的头发，就联想生小妹妹的阿姨是吃了方便面后，让生下来的孩子头发是那个样的。小治先多爱动脑筋啊，他观察事物多么仔细，他的想象力多么丰富！

这样一些看似不起眼儿的小情小节，是非常容易让孩子家长忽略的，其实就是孩子迸发灵性的细微表现，家长必须用“慧眼”发现，并给予充分的关注和精心的保护啊！

◎ 天下没有不淘气的孩子

最初上学时，治先也很淘气调皮，有时在课堂上不太守纪律，好动，有时想开玩笑给同学使个小坏儿什么的。老师就和家长沟通，让家长多加管教。

治先总爱给同学起绰号，常常根据同学的长相、习惯动作或性格给“命名”一个雅或不雅的绰号，有的同学不太在意，而有的同学觉得不受尊重，受到污辱，就找老师告状。治先在课堂上好动，不但影响自己听课，也妨碍别人认真听课。

爸爸妈妈是开明的，孩子要管，但不能管过劲。

天下哪有不淘气的孩子？

爸爸妈妈只是提醒治先，上课要注意听老师讲课，不要乱动啊，别影响别的同学听课啊，并不进行严厉的训斥。

保护孩子的天性，不是每个家长都能想明白的，不是每个家长都能分清纠正孩子的毛病和保护孩子的天性之间的那个容易出偏差的界线的。

我们要努力纠正孩子的毛病，但一定要尽可能地保护孩子的天性。

我熟悉的著名作家、诗人袁鹰的夫人吴芸红，是一位长期进行少年儿童教育的专家，新中国成立前曾在中共上海地下组织领导下创办《新少年报》，新中国成立后担任中国少年报社社长。我曾多次到他们家拜访、做客。吴大姐曾回忆说到胡耀邦同志任团中央书记时，在 1955 年就明确指出过：“不许少年儿童‘调皮’会使他们变成不知思索，只知盲目服从，唯唯诺诺，毫无生气的‘小大人’。”

我们可不能让孩子变成这样木头似的“小大人”啊！

◎ “你们是亲爹亲妈吗？”

2003 年，治先从原沈阳军区政治部幼儿园考上了孩子们和家长都比较向往的东北育才学校小学部。

东北育才学校可不是个一般的学校啊！这座学校是 1949 年由张闻天、徐特立等老一辈无产阶级革命家创建的，是一所有着光荣革命传统的学校，也是沈阳市教育局直属的辽宁省重点中学，是辽宁省首批示范性高中。1997 年学校发挥名校办学规模效益，进行优质资源扩张，办学规模由原来的一个校区，发展为六个校区、十个办学层次。

刚刚 6 岁的治先考入了这座学校，这意味着从小学一年级开始就要住校了，每周的周末才可以回家，周一照常到校。孩子和家长一周只能在一起待上一两天。

爸爸妈妈的许多同事和朋友听说后，都惊讶地半开玩笑地问他们："你们是亲爹亲妈吗？""怎么就舍得让孩子这么小就从你们身边离开？"

爸爸妈妈觉得这根本就不是问题呀，孩子离开自己身边，是去学习，是去成长，这有什么不对吗？这有什么不好吗？又没把孩子往火炕里扔，又没把孩子送人。不是每个星期都能见面吗？让孩子从小就过集体生活，让他从小就有锻炼自己生活能力的机会，这有什么错？这难道不是好事吗？

人的生存环境在一定程度上是可以选择的，这种生存环境不是用来排斥的，而是用来适应的。

治先虽小，但很快就适应了住校的生活。

特别有趣的是，当有的同学为把被套放到被罩里发愁或期待爸爸妈妈给弄的时候，治先琢磨着自己弄，他先是整个小人儿钻进被罩里，把被套的四个角抻到应在的位置，慢慢把被套在被罩里铺展开，就这样一个小人儿降服了一床大被。治先把这看似不可能的事，变成了可能之事，这是他上了小学一年级之后成功挑战的第一个不可能。

还在上学之前，妈妈就有意识地锻炼治先的独立生活能力，那时治先也就三四岁吧，从幼儿园回来，妈妈给他打盆水，让他自己洗脚，治先端坐在小板凳上，自己有模有样地洗脚，而且顺便把他自己的小袜子也“洗”了。

妈妈知道，这么小的孩子，你让他把袜子洗得很干净，洗脚时不把水弄到地板上，那一定是过分要求了，但他自己懂得自己的袜子应该自己学会洗，自己的事情应该自己来做，在洗脚的时候尽量不要把水弄到地板上，这样的一个开始，这样一种植根于孩子心中的理念，可是太重要、太宝贵了！

◎ 让孩子学会主动干家务活儿

熟悉治先的亲友，无不夸这个孩子心细。凡事他都想得很细，他是一个很会关心别人的人。无论是在育才学校，还是出国留学，凡是家人在一起聚餐之后，治先都会主动挽起袖子到厨房去刷碗，洗盘子，收拾锅勺餐具。这在我们家已成惯例了。

一个半大小子，又不经常回家，偶尔放假回到家，特别是出国后从国外回来，家人都为之高兴不过来呢，怎么会让他到厨房去干这些活儿呢？

他爸爸妈妈却不这样想，他们也知道儿子在外面不容易，更知道他回来一次多么难得，但在家里，无论是大家还是小家，他在辈分上，在年纪上，都是最小的，让餐后的长辈们在沙发或座位上休息聊天，自己去收拾碗筷，这没有什么不好，没有什么不对。而治先也做惯了这些活计，觉得大人们把饭菜做好了，吃完了饭，让大人们休息，自己劳动一下，这是天经地义的事。

还是在治先很小的时候，就是学龄前或刚上小学的时候，他的爸爸妈妈在房间里说话，他不用大人指使，会到饮水机那里接两杯白开水，然后一手一个杯子，端到房间里送到爸爸妈妈面前。这是我经常见到的一个印象深刻的画面。

爸爸妈妈可能夸他一句："好孩子！"并没有觉得让孩子给大人端杯水有什么不对。孩子要爱老尊老，要从小时就养成习惯，这也是他们在孩子幼小心灵上培植的一个理念。

每次外出或把治先从机场接回家，治先都是大包小裹的，有托运的大箱子，也有拉杆箱和双肩包，甚至有时还有手提的电脑包，他的东西这样多，从我那个没有电梯的五楼的家下来，或走到五楼上去，或走很远的路去停车场，治先总是不让任何人帮他拿东西，他说他自己能拿。

◎ 鼓励孩子多和"外人"接触

治先小的时候特别喜欢汽车和火车，他在四五岁的时候就能辨识不同品牌的汽车，说出这车的排放量，几缸、几缸的。

他爱看火车的画报，辨识各种机车的型号。

一次，我们带他出行，在机场候机大厅，他看到大厅里的图书销售点里有五彩缤纷的汽车书，喜欢得不行，他拿着图书翻着书页兴奋地向那里的售书员和过客介绍，这是什么汽车，那是什么汽车。周围的人都很惊讶这么个小人竟然对汽车懂得这么多！我们则对他愿意与“外人”主动接触而高兴。

一次，我和他姥姥带他去北京。在飞机上，我们三个的座位并不挨着，有一个座位左右是两个陌生的乘客，治先竟然主动要求坐在那里，这是我们没有想到的。一般的孩子生怕离自己的亲人远，他却不这样。我们看他坐在那里也不“安生”，主动与另两位陌生人聊天，而且聊得很来劲。

说实话，我们特别喜欢他这一点。孩子长大了就要走向社会，走向社会就必定要与社会人打交道，孩子早一点接触“外人”是好事而不是坏事。

有一次，我们带治先到北京舅舅家住了几天。那里上下楼的电梯是有电梯员管理的。电梯员坐在电梯里的按键边上，接待业主上下楼。四五岁的治先喜欢上了这个电梯，他有空儿就要到电梯上去，他上电梯的兴趣和快乐，就是与坐在那里的阿姨“聊天”。一个孩子和一个陌生的阿姨能有什么可聊的呢？可他总有说不完的话，和阿姨聊得很是热乎。那个阿姨非常喜欢他，邀请他到电梯里去和她说话。休班了一天的阿姨说一天没见到治先挺想他的呢。

治先回来告诉我们，这个阿姨家在通州，有一个上幼儿园的女儿，每天挺早就要坐公交车，换乘两次车来这儿上班。看，小小的治先竟然自己搞了个社会调查。

平时家里来了客人，治先和大人一起给客人端茶倒水。客人来访，我们从来没让治先回避，而是让他参与接待客人，和大家一起说话，从没有说过："小孩子不准插话！"

记得有两位记者王爽和祝乔来我家采访过，治先给她们留下了深刻的印象，直到今天，这两位编辑还常常和我们问起治先的状况。而距离他们认识治先的时候，都过去十好几年了。

有一次，作家李宏林和他的老伴姜琳来访，我和他姥姥正吃晚饭，治先在幼儿园已经吃过晚饭了，恰好就让他在客厅陪客人说说话。他和李爷爷、姜奶奶天南地北聊得可热闹了，姜琳大姐非常喜欢他，每次见到我们都要问，你那个小外孙怎么样了？上几年级了？直夸他懂事、可爱！

报纸上曾报道过一位母亲，让女儿过"保险箱"似的生活，不但家里所有的活儿都不让孩子沾手，就连孩子吃什么、穿什么、玩什么、和谁交往，她都要严格把关，不准她和"外人"接触。慢慢地孩子就变得越来越孤僻，几乎没有社会交际能力。孩子上大学后，每星期回家，母亲都给孩子准备一周要换洗的衣物，等下周回家再带回来由母亲洗。要知道，这可是个上大学的孩子呀！孩子已经毕业工作了，已经是24岁的成人了，自己不会做饭，不会洗衣服，上下班要这位已经上了年纪的妈妈接送。这就是从小百依百顺，从来不给孩子锻炼机会的一个后果。

孩子不可能永远在父母的身边。父母不要对孩子的一切大包大揽。孩子能做的事，一定要放手让他自己去做。让孩子渐渐见识和适应外面的世界，锻炼他独立地在这个世界上生活和创业的能力。

第3章

身教胜于言教

人们想开车，需要考驾照；想当教师，需要考教师资格证；想当医生，需要考医师证。但当父母，却可以“无证上岗”。

在教育孩子上，家长也需要学习。教育不是单纯地管孩子，而是对孩子进行示范和引导。用家庭的氛围潜移默化地影响孩子，你想要孩子做什么样的人，先要以身作则。当然，人不可能不犯错，家长犯了错，要敢于在孩子面前承认错误。

◎ 想要孩子做什么，大人先做到

孩子是善于模仿大人的，大人做的事情，在孩子心中是有潜移默化的影响的。治先小的时候，经常看我写日记。因为我一天不落地写日记，写了半个世纪了，这件事在每个家庭成员中都是有影响的。我至今保存着我父亲记的日记。海泉在念小学的时候就受我影响，写他自己的学生日记，后来“北漂”在京城的音乐圈里闯荡的时候，也写了很多日记，包括成名后，和好友去北非，去北极参加科考，都写下了心灵日记。

那是海泉小学四年级的时候，我给他买了一个很好的日记本，他就效仿我，开始写起了自己的日记。特别是“北漂”那段艰苦、孤寂的日子，写下了前进中的每一天，记录了每一天的“微成长”。

这些，在治先心里都产生了记忆。治先对姥爷坚持几十年，一天不落地写日记这件事印象深刻。他受到影响最深的是做什么事情要有一种坚持的毅力和韧劲儿。在国外学习的日子里，治先曾疏于体育活动，缺少身体锻炼，胖了起来，明显的是有三条很好看的裤子穿下上了！治先说他想着姥爷数十年坚持写日记的精神，开始自己的锻炼之旅，坚持打羽毛球，每周五雷打不动地去打羽毛球，一周里有两天固定去健身房，并请了教练，用上了器械，日积月累，治先坚持锻炼身体，让胳膊和大腿小腿都有了肌肉，体重减轻了，那三条因肥胖而不能穿了的裤子，又都能穿了！

妈妈常教导治先生活一定要有条理。自己居住的屋子要打扫得干干净净，并要保持整洁。衣物要摆放有序，一目了然，不能乱七八糟。在这点上，治先最佩服妈妈，因为家里的物品，妈妈总是放得规规矩矩，就说那衬衣、裤头和袜子吧，在一个大抽屉里，横是横，竖是竖，一个小卷儿一个小卷儿地紧紧挨着摆放着，又清楚，又不占地方。治先从小就习惯了妈妈的这种生活条理化的做法，他从小学住宿在学校的宿舍里，他的物品也是这样有模有样的整整齐齐地摆放着。

爸爸在待人接物方面，给治先留下深刻印象。在人际交往方面，治先从小就知道爸爸的朋友多，爸爸对来访的客人很有礼貌，有与人沟通的超强能力。这也对治先有深刻影响，治先从小就善于和陌生人打交道。

◎ 家庭氛围决定孩子的性格

在一个孩子成长的过程中，影响最大的是家庭氛围。如果这个家庭注重读书，孩子当然会受到读书氛围的熏陶，也喜欢上读书。如果家长整天聚一伙人在家里打麻将，家里一天到晚噼里啪啦麻将响，大吵大闹总干仗，你怎么能让孩子静心学习？他的性格怎么可能没有缺欠？

治先八九岁的时候，他妈妈正在工作岗位上读研，那是全国统考，她坚持了三年在职学习，周一到周五上班，周六和周日要上课，最后英语达标，论文通过，取得了硕士学位。妈妈这样辛苦的在工作之余还坚持学习，让治先看在眼里，记在心上，妈妈不断提升自我的努力状态，成为治先学习的榜样，治先觉得自己没有理由不好好学习。

治先生活的环境，是一个和睦亲善、民主和气的家庭，不是三天一小吵、五天一大吵、动不动就动手的家庭。在家里人与人之间说话，没有高声大嗓的，都是温和亲近的，什么事都商量着来，互相尊重，从对方角度考虑问题。平时接待来家的客人，都是十分讲究礼貌的。就是对待治先哪一点没有做好，要批评他，也是和颜悦色的，给他讲道理，诚心诚意，这也让治先养成了与人为善、微笑待人的性格。

◎ 在孩子面前，家长的“声音”要一致

在孩子面前，爸爸、妈妈两个家长一定要统一步伐，不可以有不一致的声音。否则，在爸爸那儿挨了打，孩子看到妈妈为这事跟爸爸急眼、翻脸、吵一顿，那样的效果就会迅速归零，甚至出现负数。

爸爸妈妈即使真的有不同意见，也一定要背后磋商，在孩子面前一定要表现一致，哪怕你们真的想法不一致，也不要让孩子在犯了错误、挨了批评的时候找到“靠山”，找到“保护伞”，不要让孩子看到爸爸妈妈之间的“缝隙”，这一点实在是太重要了。

在教育孩子的问题上，不仅要两个家长高度一致，如果有隔辈的老人，也一定要请他们理解，孩子的爸爸妈妈这样做是为了孩子健康成长，不要让隔辈的老人来干涉爸爸妈妈教育孩子的“内政”。孩子教育的好坏，与隔辈老人当然也有关系，但最重要的、最直接的，还是孩子的爸爸妈妈。

有一件小事与我有关。

有一次，从幼儿园回到家的治先要吃雪糕，爸爸妈妈都说，吃雪糕可以，现在不能吃，家里冰箱没有雪糕，而且已经是晚上9点多了，外面还下着雨，估计小超市也关门了。可是治先不听这些，坚持要吃雪糕，那时的治先有三四岁吧。

作为姥爷，我说这没有什么，天黑、下雨，都不是事儿，孩子不就是要吃个雪糕吗？这么个要求，也并不太难，去买来不就行了吗？我打个雨伞，拿了手电就出去给治先买雪糕了。按妈妈说，这也是助长“小霸王”脾气的又一个例子。我却觉得孩子这样一个简单的要求，能满足就尽量满足吧！后来我觉得这样做，确实是属于惯孩子了。

多数隔辈老人替子女带孩子，常常在如何培养孩子的性情和习惯上与子女发生矛盾。

有的老人还抱怨帮孩子带隔辈孩子，挨累不讨好。

有的子女在教育和培养孩子方面没有什么主见和章法，对老人不利于孩子成长的教育方式随波逐流，听之任之；而有的子女在培养孩子这件事上是有战略意识的，有着自己一整套想法和计划，所以常常与为自己带孩子的长辈即姥姥、姥爷、爷爷、奶奶发生摩擦，大都对老人“惯”孩子非常不满。

老人也有为难之处，俗话说：隔辈亲，对自己的孙子、外孙子辈，格外宠爱，不仅怕磕了碰了，孩子想吃的，想喝的，想玩的，想买的，依现在的经济条件，没有什么不能满足的呀，那是百分之一百的答应，百分之二百的让其满足。

有的老人，甚至有时觉得养自己儿女时，家里生活条件差，想要什么没有什么，如今条件这么好，就往孙儿辈身上做些倾斜贴补吧。所以在隔辈的家长那里，有的小孩，想吃什么，想喝什么，从来都没有二话，把孩子吃成了个小小肥胖症，有的孩子想怎样就怎样，百依百顺，想买什么，从来没遇到过阻拦，对孩子的毛病，从不加以管教，孩子在家里就成了一个小“皇帝”，毫无自我生存能力，人儿小小，却高高在上，无比任性。

有的孩子的爸爸妈妈也是管教无方，不仅对老一辈的教育孩子方式无所鉴别，听之任之，自己也是把孩子宠得没边没沿，让孩子养成了一身的毛病。同样，有的家庭在孩子的教育问题上，是由于隔辈老人的不当参与而转为不可收拾的。

◎ 家长错批了孩子一定要道歉

上小学二年级的治先，有一次，他的右手的食指被学校的一扇门挤了， 在校包扎后，老师通知家长把孩子接回家。祸不单行，这时他爸爸因滑雪脚被摔伤，手术做得不顺利，正躺在医院的病床上。

治先去看他爸爸，他爸爸督促他在病房的小桌上快写作业。治先说，老师没给我留作业，老师说我的手有伤，可以不写作业。他爸爸说，老师说你可以不写作业你就不写了？右手不能写，左手也可以写啊！他爸爸不分青红皂白地劈头盖脸把他好一顿训。

回到家，我看治先在看电视，我就说，你怎么光看电视啊，你可以用这个时间弹弹琴啊。你的钢琴老师还留了作业呢，如果不完成作业，老师会批评的。接着我就盲目地举例子，说到他舅舅小时候如何用功，如何刻苦，如何利用别的小孩在外面玩球的时间在家里练钢琴，对时间抓得很紧，最后才取得了期望得到的好成绩。幸福不会从天降，一切好成绩都是用功刻苦获得的。你这么小，不该一天光想着玩啊玩，这怎么可以呢？我也是不分青红皂白劈头盖脸地给他讲了一番大道理。

家长全是这样一个劲，恨铁不成钢。我们以为我们说教完了，治先应该特别听话，就顺顺当当去写作业，顺顺当当去练钢琴了；可是，并没有产生这样的结果，我说完之后，治先一个人跑到另一个屋子里，扑倒在床上就莫名其妙地大哭起来。

这是怎么了？怎么了？难道大人要求的有错吗？我们讲的道理不很容易理解和领会的吗？孩子怎么能这样脆弱呢？希望你刚强一点、勇敢一点，大人讲的有什么不对吗？怎么连说一下都不能说了呢？

第二天上午，妈妈领着治先到医院换药，在护士室，护士打开了治先手上的纱布，这时，让妈妈惊呆了，只见治先的那根手指被门挤伤得十分严重，皮肉都绽裂开了，妈妈忽然想这如果是伤到了自己的手，该怎样疼痛难耐啊！妈妈的眼泪立刻就掉下来了。没想到孩子的手伤成这样，特别是作为长辈的我们，除了催促写作业，催促弹琴，就是批评和训斥！

海英回来给我们讲述之后，我们全都沉默了，眼泪也在我们的眼眶里转着。

在我们同去医院看望治先爸爸的路上，我郑重而诚恳地向治先道了歉。

大人做错了，误判了，也必须认错，并且要向当事人道歉。我对治先说：“我们错怪了你，你的手伤到这个程度我们不知道，只知道狠着劲批评你不做作业，不去弹琴，我们对你关心不够。我们向你认错，希望你原谅我们！”

治先又一次流泪了，这一次，他流的是与长辈和解的泪，相互体谅的泪。他倒在姥姥的怀里呜呜地轻声地哭泣着，他说：你们也是为了我好啊！姥姥把他紧紧地抱在怀里，眼泪也情不自禁地流了下来……

第 4 章

孩子都会犯错，家长怎么办？

有的家长说，要想让孩子成才，该打就得打。不是有句老话嘛，“三天不打，上房揭瓦”。家长觉得孩子是自己的，打孩子没什么错。也有的家长信奉“棒下出孝子”，把打孩子当成树立威信的手段。

当孩子有错误的时候，家长的惩罚要有原则、有态度、有方法，必须分清孩子的错误是什么性质的错误，不分青红皂白地去责备，只会徒增孩子的心理压力，不利于孩子的成长。

◎ 孩子的失手之错不该苛责

2008 年冬日一天，爸爸妈妈带着治先来姥姥家，我们都特别高兴。治先要在我家宽敞的餐桌上做作业，他远远地把手里的作业夹子扔到餐桌上，夹子在玻璃板上一滑，滑到边上，把桌边上一把深绿色的紫砂壶碰到了地板上，只听得“哗”的一声！

我们立即跑过去看，茶水和茶叶洒了一地，茶壶还没怎么样，但壶盖儿边缘破碎了！这个茶壶是我和老伴在华东五市旅游时，参观杭州一个紫砂壶生产厂家，用 350 元购买到手的，我一直当作宝贝看，来客人了，就用它沏壶好茶相待。这下好了！这个壶也不能用了！我这破嘴当时就没有把门儿的，说个没完没了。特别可怕的是我还说到这个壶的价钱，还说到要赔偿……

治先和爸爸妈妈忙着处理地上的水渍，清理现场。

过一会儿，治先不见了。妈妈从楼上下来，我问治先呢？妈妈说在楼上掉眼泪呢！我马上跑到楼上看治先，他正用餐巾纸撕一块又一块擦眼泪，一脸痛苦的表情。

我一把抱住了他，说姥爷小心眼儿了！姥爷不该这样想，也不该这样说。我又对他说，治先啊，你是不是也小心眼儿了呢？这样个事儿就经不住了？我又想到的是，应该增强他的承受能力。我说，你这个错事是失手，不是故意做错的，但也不是什么好事吧？不该表扬你是吧？姥爷说几句你也该接受啊。姥爷心胸不开阔，说话说得重了，可我说完就完了。你今后做什么事多加小心并没有坏处吧？你也从这件事中接受一个教训不好吗？我说着说着，他不哭了，听我这样说也点了头。我们抱在一块看电视，是央视10套的《探索和发现》节目，里面说将来你从此地到彼地，很远很远，只要把你放在空间转运器里，把你的数据分析记录后，传到另一地，在那边的空间转运器里根据数据重新做出一个人来，这个人就是你了。如果中间传输有误，可能你脸朝后面了，或有其他差错，缺个耳朵什么的。而且你的数据放在那个机器里，它可以再复制出几个你来……

我和治先讨论了一会儿这样的科幻设想，觉得很神奇，也很有趣儿。将来的人类都是那样的了，科技都发展到这个地步了，我们不该为点小事儿而计较，而懊恼，而不快。

过后，我自己进行了反省。我真的像我对治先说的那样，在这件事上，我不该过于苛责孩子，孩子只是失手的过错，过分的批评是没有道理的，是不对的。

像茶壶盖儿这样的问题，多亏我发现得早，早些澄清和解决，如果在孩子心里形成一个解不开的疙瘩，积攒成一个心理问题，那就真的很不好了。

◎ 打孩子要打出名堂

被打的孩子也是不一样的。

有一个家庭有两个孩子，一个女儿，一个儿子。这位母亲打儿子打得很是凶狠，从小就打，打了好几年。可是这位母亲病危的时候，她最想念的就是这个儿子，这个儿子也是对她最孝顺，从国外急忙飞回来，侍候母亲到病故，并且泪如泉涌，一点、一点给病逝的母亲洗身。这证明血亲并不是说打就打得掉的。也有例子，因为打孩子打得反目成仇。

世界上的事情都不能一概而论，不可能有完全统一的说法。

治先也挨过打，被打过三回，都是在很小很小、学龄前的时候。上小学之后再没有被打过。

孩子会走就会淘气。刚刚会走、刚刚会蹒跚走的治先，就会淘气了。他爸爸在电脑前工作，他趁爸爸不注意，溜到电脑前，用小手啪啪啪按键盘上的键子，觉得特别好玩。按完了他就笑嘻嘻地走了。不一会儿又转回来，又来啪啪啪地乱按键盘。承钧看到键盘被治先给按了，屏幕上的文件瞬间就乱套了，虽然生气，但并未马上就动手打孩子。孩子毕竟太小了，只是出于好奇，好多道理他这个年纪是不可能懂得的。只是告诉他，可不能到爸爸工作的地方捣乱啊，再捣乱，爸爸就打你了。

过了一会儿，治先又蹒跚地走过来了，他笑嘻嘻地又伸出小手要按键盘。这回爸爸抓住了他的小手，告诉他，跟你说过了，这是爸爸工作的地方，爸爸在工作，你这么乱按键盘就是捣乱，爸爸不允许你来按电脑上的键子。听明白没有？治先点点头。爸爸又加重语气地警告说，你若再来乱按，爸爸就真的打你了！听到没有？治先似懂非懂地点点头，他以为爸爸就是说说而已，不相信爸爸真的会打他。

又过了一会儿，治先在屋子里转了一圈，又来到他觉得好玩的电脑前，看到键盘上有那么多黑色的小方块，觉得特好玩，就趁着爸爸没注意，又把小手伸向键盘，啪啪啪地乱按几下。这是小孩子觉得很有趣、很好玩的事情，他心里在想爸爸是不是真的会按说的做，他以为爸爸就是说说而已，不相信爸爸真的会打他。实际上他是看爸爸能退到什么程度。

这回爸爸没有再容忍，也没有再克制，更没有在孩子面前食言。不懂事的孩子在挑战他的底线，孩子不会以为爸爸真的会打他。但是爸爸这回真的打了他，打了他的嘴巴。治先挨了一巴掌，呜呜地哭了起来，他觉得委屈极了，两手抹着眼泪跑去找妈妈。妈妈知道这件事的始末，很冷静也很和气地对他说：爸爸打你不对吗？爸爸不让你捣乱，跟你说过没有？爸爸说过几回？你知道爸爸在工作，不该去捣乱，你去捣乱，爸爸说不要再去捣乱了，再捣乱就要挨打了，是不是提醒过你呀？你没记住爸爸的警告，又去捣乱，这样爸爸打你不对吗？你错了没有？是不是应该向爸爸承认错误啊？

妈妈给治先擦了擦眼泪，揉了揉脸，哄了一会儿之后，治先就到爸爸那儿认错去了，他说：爸爸，我错了，以后再不给爸爸捣乱了。

像这样挨打，治先在上学之前共有三次。每次都有这样好的效果，家长达到了教育的目的。孩子不可能不犯错，犯了错要告诉他，要让他改错，要给他改错的机会。动手打孩子，不仅是惩罚的过程，更主要的是一个教育的过程。否则，打完之后，一切照旧，家长就失败了。

治先挨这三回打，都是因为犯了错误，再三警告无效，这才挨了打。家长不可以轻易动手打孩子。打就要打得让孩子长记性，让孩子不再犯同样错误的效果。

尽量不要动手打孩子，也不能说打孩子全不对。该打还是可以打，警告到严重的程度，仍无效，打一下，让他记得牢牢的。对于家长，打孩子应是在迫不得已的情况下发生的。打之前，一是要讲道理，二是要发出警告，这两个步骤绝对不可以省略。打得对不对，就看打之后取得的效果如何。

在一般的情况下，千万不要轻易动手打孩子。如果不打能解决问题，一定不要打！

◎ 孩子做错了事不要轻易放过

初上“少儿班”，治先的学习成绩并不好，并且在课堂上比较调皮捣蛋。他的学习成绩在第一学期，基本上在全班的尾巴上晃荡。这个时候，梁老师找家长沟通，说了治先在校的表现，一是上课说话，影响别人听课；二是喜欢给同学甚至给同学的家长起外号。

作为家长，海英接到老师的通知后立即去了学校。但梁老师认为只是孩子妈妈来，觉得家长对此事还不够重视，他对治先说：“你爸爸必须来！”

看来问题到了挺严重的程度了，家长只来一个妈妈都不行。这样，爸爸也去了学校。

两个家长从学校回来，商量着必须让治先写检讨。写这个检讨也是梁老师提出的要求。老师和家长想通过让孩子写检讨的方式，在思想上好好反省一下自己，让他对自己犯的错误能记忆深刻，认识深刻，最主要的是以后不再重犯。

治先很快写出了检讨书，两个家长看过后，觉得检讨得肤浅，让治先重新写。这样浮皮潦草地就过去了，雨过地皮干，对孩子没有起到应有的警示作用。他们让治先重写。

治先把检讨书拿回去重写了一遍，两个家长认真看了，认为仍然不行，认识不到位，还没有从思想深处认识到自己错误的性质和危害性。他们决定仍让治先重写。

真不是难为孩子。

犯了错误，必须让孩子在这个节点上给自己留下一个烙印，必须让孩子做出像样的检查，否则稀里糊涂就过了关，以后保不准不再犯曾经犯过的错误。让孩子对自己的过错记忆深刻，记住自己是什么地方没有做好，是因为什么被老师请家长到校，必须改正什么错误，才能让自己进步。

两个家长想通过这件事让孩子真正接受教训。家长两次让他写检讨书，治先觉察到问题真的是很严重，一般性地检讨几句，在家长这里就通不过，何况到老师那里呢？必须做出深刻的检查，这种检查本身，就是反省，就是从心灵深处认识自己的错误，以后不会在这样的问题上重犯错误。

治先的第三遍检讨写好后，两个家长逐字逐句地审阅一遍，然后要求治先在第二天早上找梁老师去念检讨书。

治先按照家长的要求，把检讨书送到老师办公室，并且给老师念了一遍。

从此，治先就像换了一个人，严守学校班级纪律，课堂上注意听讲，不再乱说乱动了，也不再给别人起外号了，学习成绩噌噌地往上走，从两个同年级的“少儿班”四十几名学生的“兜底”成绩，上到前30名，上到前20名，上到前10名，中间也有滑落，最后又反超上去了。

读初三的时候，全校十几个班，治先所在的“少儿班”平均学习成绩的名次不靠前，他们在总体上有些松懈，落在很多班的后面。别的班和学校一些老师说：“他们‘分流’完了，他们松懈了！”

因为这样的状况，梁老师被校领导剋了一顿，他回到班里就把学生们剋了一顿。这真的符合一条规律：“谁松懈，谁下”“谁奋斗，谁上”，这个规律是被无数人、无数个班级证明了的。

年纪轻轻仅有30岁的梁老师，带领全班奋斗，高中一年级的学习抓得特别紧，期末考试班里的平均分成为全学年组的第一名。

梁老师受到了学校的表彰，他可高兴了，性情中人的梁老师请全班27名同学无一缺席地到学校对面的火锅店“撮”了一顿，同学们高兴地说：“老师太破费了呀！”

◎ 家长要用智慧管理孩子打游戏

爱玩，是孩子的天性。不爱玩，那还能叫孩子吗？

许多家长都碰到这个最头痛的问题，就是孩子太爱玩，特别是玩手机或电脑上的网络游戏，既怕孩子太耽误时间完不成作业，又怕孩子长时间看屏幕，把眼睛弄坏了。一些家长采取的就是“严防死守”，一天到晚只要孩子在家，就看住，不让孩子接触手机和电脑，大声吆喝：“做作业！”

治先从小学四年级到了“少儿班”，和别的孩子一样，放学了或周末在家，一心想玩游戏。为了给治先做出榜样，爸爸把自己最爱玩的下棋软件都给删除了。

治先玩游戏的理由十分充分，他说，网络游戏是小伙伴们在课余时间重要的谈资，这个游戏，那个游戏：“红警”“打枪”“格斗”……花样多了，你不会玩，玩得不好，在伙伴们中间聊天时都插不上话，连朋友都交不上。爸爸同治先郑重地商量能不能杜绝网络游戏，把心思都用到学习上。治先也很郑重地回答，这个问题不能商量，必须玩，再不玩我都掉队了！我与同学们都没有共同语言了，也就没有朋友了，就和大家不是一伙的了，就是大家中间很怪的一个人了。人家都玩，我也必须玩，不玩不行。

爸爸没有想到与孩子商量后得到这样一个结果，没有想到问题竟然如此严重，如此不能讨论，如此不容调和。

既然挡不住，那就在疏导上下功夫吧！

爸爸和颜悦色地对治先说，好吧，可以玩，这个玩是有前提条件的。

治先问：什么条件？

爸爸说，你现在是全班最末一名，即以第27名进入“少儿班”的，对吧？治先说：是呀！爸爸说，现在班里考试仍是最后一名，对吧？治先说：是呀！爸爸说，如果下次你考试能提高一个名次，即考第26名，就可以玩游戏。

治先一听是这个条件便满口答应：好啊！

从这儿开始，治先屡屡考试都有名次上的进步，逐步提高到第20名了。爸爸对治先进行了表扬，接着说，好，如果下一次有成绩上的下降，回家就不能玩游戏了，等成绩又有上升，再允许你玩。

治先接受家长提出的这个条件，并称赞爸爸的条件合理。

这个条件双方达成后，爸爸爽快地对治先说：你现在就可以去玩了。玩去吧！治先高高兴兴地去玩了。

“少儿班”周周有周考，月月有月考，考完就公布成绩。治先从第27名的“老末”开始，考到前20名，再到前10名，进入这个前10名，太难了！但治先一直怀着一种信心和毅力坚持克难向前，学习成绩很稳定，并且不断进步，直到临出国留学时，考到了前五六名。开始的时候，是由于允许玩游戏的驱动，到后来，治先就养成了习惯，有一种默默地力争上游的力量。

每天让自己有“微进步”！

孩子的要求不能轻易的满足，应该是有条件的满足，而不是无条件的满足。

“你玩去吧，别忘写作业啊！”

“你去玩吧，最后要写作业啊！”

仅仅附加一句轻描淡写的叮嘱，对于学习自觉性尚未建立起来的孩子是不管用的；而硬性地没收孩子的手机和电脑，或把孩子看得死死的，不让他玩，也不是好办法。

提出孩子可以做到的条件，让孩子觉得学习上的进步，会在家长那里获得玩游戏的资格和前提，孩子在学习上会更用功。用功到一定的程度，这种用功就成了习惯了。

玩游戏，在这个阶段的治先身上，成了学习上进的一个动力。

第5章

注重孩子品性的塑造

“首孝悌，次谨信。泛爱众，而亲仁。有余力，则学文。” 家长首先要教会孩子如何做人，再教孩子如何做事。

社会上高学历之人的负面新闻屡见不鲜，只重视学习，不重视品性，是家长教育的失败。

善良、孝顺、低调、抗挫是孩子必备的教养，也是现在流行的正面管教。所以，当孩子受到委屈、遇到挫折时，家长要让孩子自己解决，上好挫折教育这一人生重要的课程。

家长期望

养成坚强、坚韧的意志品质。比一次两次取得优异的成绩更重要，面对艰难困苦，继续保持不怕苦、不怕累的好作风；

树立与人为善、宽以待人、助人为乐的好思想。继续做到孝敬长辈、尊敬老师、团结同学，诚实可信，明辨是非，自尊自爱，热心公益，做个大家喜爱的学生；

保持一颗平常心，保持乐观态度，力争在竞争环境中不慌乱，在紧张的学习中获得快乐。还要注意锻炼身体，每天要挤出时间进行体育运动，每天要散步，伸胳膊踢腿，深呼吸；

养成细心、认真的好习惯，克服马虎和疏忽的毛病。学习的进步在于每一次作业、每一次考试、每一堂课都一丝不苟。细心和认真习惯的养成，对于大学的学习、毕业后的工作和一生做人都受益无穷！

家长签名：胡世宗
（姥爷）
2009年11月15日

◎ 善，这是一个孩子成长的根基

如果孩子是善良的，他就会把人生路走得顺，走得好，走得远。太多的例子证明，这是最基础、最基本的道理。

善良，不是家长用来讲给孩子的，是需要家长融会于心，不自觉地模范行动，给孩子做出的榜样。

身教重于言教，在这一点上尤其鲜明。

治先的爸爸妈妈都一直默默资助贫困学生。他们见到需要帮助的人，都会毫不犹豫地伸出援助之手。

2013 年 8 月的一天。治先放假在家，我们一起去新民看一个漂亮的荷花湖泊。那天的路况不大好，土路一点也不平，路还窄，车停下后，调头很困难。

有一辆车就是避我们的车避过劲了，一个车轮陷到右边的沟里了。我们已经正常往前走了，爸爸是个有教养的人，他把车停在一个可靠的路边后下了车，往回走，原来是要回去帮那个因为避我们的车而让自己的车轮一半陷到沟里的人抬车。

治先二话没说，就跟他爸下了车。那户人家正要打电话请求吊车来帮忙呢。承钧去了，说不需要找吊车，没那么严重。他和治先边指挥，边帮助抬车，最终帮人家把车弄出来走上了正路。

爸爸和治先弄得一身土、一脸汗的回到车上，我们继续赶路。我和治先姥姥都夸奖他们做的这件好事。他爸爸说，太应该这么做了，看人家的车掉到沟里理都不理就走了，谁心里能安稳啊？

就是受生活中这些日常小事的影响，治先也习惯性地帮助别人。

我自己也见识了治先几次助人为乐，都是在机场候机大厅里。

一次是2016年1月，他放假回家，碰巧在家里过19岁的生日，我们为他庆祝生日。在沈阳桃仙国际机场，到办理登机手续的时间了，我们排队在C6柜台。在我们前面有两个中年妇女在办理两个超大包裹的托运，她们很费力，弄不动那个大家伙。治先十分自然地上前帮忙。他拎起那个重家伙放在办理登机牌手续边上的传送带上，那两位妇女很意外也很惊喜地看着他，因为也没有请求他来帮忙啊！两位妇女特别感激他。

就在这时，有一个留着小胡子的小伙子慌张跑来，他对我说，他所乘坐的飞机快要到点儿了，能不能让他先办理手续。我回头看了看长长的队伍，觉得你这么晚来，早干什么了？都在排队，谁知道你的航班是不是真的快到点儿了？你在我这儿加塞儿，后面的旅客答应不答应呢？……还没等我搭上话呢，在我前面正要办理手续的治先立即把护照从民航工作人员手上要了回来，自己退到后面，让这个小伙子先办。这是小伙子根本没想到的事儿。治先却觉得习以为常。过后，治先对我说，当时这个大哥不定多着急呢！不知他上飞机顺利吗？

还有一次也是在机场候机大厅。这是 2017 年 7 月在英国伦敦希思罗机场航站楼。本来治先有一女同学也在这个机场飞回国，只比我和我老伴晚两个小时的航班。治先原来交代请这位同学代他帮助我们安检过后找到登机口，因为我们不认得英文指示牌。可是这位同学没有按时赶到机场，待她赶到时，她本人办登机手续却遇到了大麻烦，两个托运的行李都超重，超重太多，要罚款，治先把我们安顿到一个角落，立即跑过去帮助这位女同学处理这事。

治先把她的行李全打开，把暂时不用的重物拿出来，还有一些用过的散放在箱子里的书本，一摞一摞捆起来……

等治先帮这位同学办得差不多时，又有一位中国大妈过来请求支援，她的孩子原说帮她办理登机事宜，可是她的孩子不知什么原因没能及时赶过来。这位大妈不会一句英语，也没有在国外坐飞机回国的经验……治先听说后，让我们再等一下，他跑过去,像对待自己家长一样帮那位大妈耐心地办妥了一切。

这时我和老伴的安检如果不及时办理，都要登机迟到了！治先忙得满头大汗，他催我们快点跟他走。我们紧张得什么似的，因为我们都觉得有点没着没落的，原说有他那位女同学帮我们过了安检口，帮我们去找登机口。现在看，那位女同学都自顾不暇了，我们进去后就得自己想办法了。治先一劲儿和我们说，对不起了，姥姥姥爷！对不起了，姥姥姥爷！其实，我们心里比什么都高兴，因为看到了治先完全自觉地、任劳任怨地帮助别人，给需要帮助的人以全力的帮助。

在孩子的成长中，这种助人为乐的品格的养成，甚至比功课的分数要重要得多，宝贵得多！

治先有一位同学的自行车锈得厉害，治先和另两位同学帮助他擦锈车，这辆自行车竟然有些链条都断了。正巧，这位同学生日要到了，治先和另两位同学决定一起买辆自行车送他当生日礼物。

每当我表扬治先帮助别人时，他总是说，跟爸妈学的，并且说，他得到别人的帮助更多、更大呢！

◎ 孩子孝顺长辈要从点滴做起

中华民族是注重礼节的民族，是讲究晚辈孝敬长辈的民族。

治先很小的时候，就曾跟着姥爷姥姥去看望姥爷的妈妈和姥姥的妈妈。当然，他最多的时候，是跟着爸爸妈妈看望爷爷奶奶和姥爷姥姥。原来，治先的爷爷奶奶和姥爷姥姥是住在两个地方的，在治先的爸爸妈妈倡议下，两家老人搬到了一个小区，这样，每个节假日，每个周末，孩子们来看望老人，就可以顺利地、方便地全看到了，还经常在一块聚餐。爸爸妈妈平时工作忙，但节假日和周末看望老人，与老人一起吃个饭，这是雷打不动的。这就给了治先很深刻的印象和触动。

和爸妈一起看望老人，和老人吃个饭，成了家庭的常态。治先心细，他总是惦记着隔辈老人的身体是不是健康，和老人在一起时，他总是嘘寒问暖。

治先的心细还体现在每周要给我们这样的隔辈老人打电话，这是他远离我们后雷打不动的约定，无论学习怎么忙，他都保证一周要给我们打个电话，说上十几分钟或半个小时，有时还微信视频一下，让我们看看他学习的环境、生活的环境。

我总想，一个在国外留学的年轻人，与年过古稀的长辈能有什么话说？怎么能说那么多话呢？哎，他就能。他要问问我的写作，问问姥姥的十字绣，问问爷爷的身体，问问奶奶的书法和国画创作。

2015年，我和老伴参加了意大利歌诗达·大西洋号邮轮的环球旅行，从上海出发绕地球一圈又回到上海。治先给我们打了很多电话，几乎我们每到一个国家、一个港口，他就要给我们打一个电话。

我们到美国纽约后，他问我们看没看那艘停靠在港口供游人参观的航空母舰啊，我们说没有。他说他去看过了，一定要去啊。我说一张票30美元呢！他说你环球游一次多少钱都花了，这个小钱儿可别舍不得啊！如果不去看回到家一定会后悔的，一定要去啊！经治先的提醒和催促，我们去看了那艘离我们的邮轮停靠泊位不远，目力所及的航空母舰。按照规定，我们这个年龄的人参观还有优惠的价位。

治先知道我当兵的出身，走路快，他一再提醒我，到了国外参观时，一定要慢点走，一定要常回头看看姥姥，可别把姥姥弄丢了呀！他的这个提醒真的挺及时，也挺管用，我每次走路都要压住步子，等等老伴，否则在人生地不熟的国外，一眼照顾不到，走失了，我们又不会外语，真的就糟糕了！

我们在环球旅途中，治先还在电话里一再嘱咐我们，如果不慎丢了钱，丢了卡，或丢了别的什么东西，千万不要着急上火，比起船票钱，那都是小钱，比起身体健康，那更是小事。不要为不值当的小钱影响了旅游的心情，也不要因此懊恼得生了病，那就更不值得了！这些话，本应是我们对他说的，本应是大人嘱咐给孩子的，可是，他能时时处处为老人着想，想到我们可能遇到的事情，打了提前量，如果一旦发生意外的事情，让我们能正确对待，这让我们心里感到十分温暖。

治先每次学校放假从英国回来，都会给亲人带上一份他的购买能力承受得了的小礼物，他都是因人而确定小礼物的。这也体现了他心细的一面。

比如 2014 年治先给我带回了一套剑桥大学（1209—2009）建校 800 年纪念邮票。看来他知道我是喜欢集邮的。我从 1984 年到现在坚持集邮 30 多年了。海泉在联合国大厦，在意大利罗马大教堂，在北极考察时，都给我寄来明信片或带回签名的邮票。

治先也同样记着我的这个爱好，他给我带回来了剑桥大学的这套全球发行一万套的邮票。治先给我讲解了这套纪念邮票的内容，有达尔文、牛顿等剑桥毕业的值得为之骄傲的学生；有 31 个学院的院徽；有获得过诺贝尔奖的 80 多位杰出校友，其中仅三一学院就曾有 31 人获过诺贝尔奖。面对这套邮票，让人不禁肃然起敬，这是一所怎样名声远播、在全球影响巨大的学府啊！我当然更为外孙的孝心和精心的、个性化的小礼物而感动。

治先的心细，是多年养成的人格素质。心细在于情深，有了割舍不了的日积月累、深厚的亲情，一个人才可能有如此的细心。

◎ 低调，低调，低调太重要

2017年6月，我和老伴结束了一个跟团的英国旅游，没有随团回国，由治先接我们到他那儿住了几日，准备参加他的毕业典礼。

那天，治先说上午10点半他有一个活动，说我们可以陪他去，也可以在家休息。我们说，我们待着也没事儿，就跟你去吧，只要不妨碍你就行。治先说，不妨碍，不妨碍！我觉得来剑桥一次不容易，能多看看治先参加的活动也很有意义，也将会是难忘和偏得的事。

原来这是一个颁奖活动，起初我们并不知晓。

就在治先上课的那个系的二层楼上，陆续在各个小圆桌边坐满了人，皆是年轻的大学生。治先问我们要不要喝咖啡和饮料，我说我在房间里喝了一杯咖啡，一天只喝一杯，不要了。他姥姥也说不要饮料。治先就给我们端来了两杯白开水。

过一会儿，竟然有人讲话了，当然我们听不明白英语。大家鼓起掌来。到这个时候，我们仍不知道这是个什么活动。主持者开始念学生的名字，大家鼓掌更为热烈。被念到名字的学生，从座位上起来，走到我们看不见的一个角落，领回的是一张证书样的东西。

每一个都这样，宣布，鼓掌，领奖，领奖者回到自己的小圆桌旁。

直到这时，治先才悄悄告诉我们，这是年终的颁奖活动，刚才领奖的那个是大三的，那个是博士生，那个是……

不一会儿就念到了治先的名字，我们听不懂他的英文名字，只见他站起来就跑了过去。我见到一个约 50 岁留着大胡子的英国男子，在颁奖台前固定的位置拍照，我跑到他身边，想用手机拍下治先从教授手上接过证书的瞬间。可我的手机这时偏偏不听使唤，没有拍成。

我知道这个颁奖挺重要的，不想没拍成就放弃。人家这个大胡子拍照完也不会给我，无法联系他。我立即到台前把手机拿给治先看，他试拍了一下，说好使，可我回到拍照位置上仍不灵。

肯定是我急中出错！

拍照不成，急得我什么似的，那位颁奖的女教授很耐心，一直与治先做颁奖和领奖状，微笑地对着我，等着我拍照完成。我又上前找从教授手上接证书的治先，治先把我的手机迅速递给对面坐着的不知他认识还是不认识的一个洋学姐，那个金发姑娘起立，用我的手机啪啪啪，连拍了好多张。

我这才放心地拿着手机，对这位治先的洋学姐表示了谢意后，与领得证书的治先一块回到偏远的小桌边坐下。我为刚才及时为治先留影而感欣慰，如果自己不去拍照，别人拍照后，保不准我们能不能拿到照片呢！

这时，刚才为治先颁奖的那位教授向我们小桌走来，我们仨都站了起来。教授问治先这是你的爸爸妈妈吗？治先说，这是我的姥姥姥爷。

通过治先的翻译，我们知道这位高大的女教授正向我们夸赞治先的勤奋、聪明、有礼貌、肯帮助人。说他学习成绩很好，连续四年获得一等的成绩，这是很不容易得到的优异成绩。我们向教授表示了敬意和感谢之意。

治先怎么这样低调？如果我们不来这个现场，就不会知道治先取得了这样好的成绩。

当天晚上我打电话给他妈妈说了这件事情。她十二分后悔，没有早来一步参加这样的一个颁奖典礼。为没能在现场见识儿子的成绩而感到遗憾。

治先却淡淡地说，这有什么遗憾的呀，不应该那样看重这件事。

低调，低调，低调很重要。低调，是成长者的压舱石，会让成长者行稳致远。

治先如此低调，令我欣慰。古今中外成大事者，无一不是高调做事、低调做人的典范。我从小就铭记泰戈尔那经典的诗句：“只管走过去，不必逗留着采了花朵来保存，因为一路上花朵自会继续开放的。”

一个正在成长中的孩子，不为一时的成绩而满足，因为路还远着。谦虚谨慎，不张扬，不傲人，淡泊宁静，才会把今后的长路走好。

◎ 让孩子学会面对挫折

在治先上小学四年级的时候，2007 年的 7 月，他遇到了一次挫折。这一次也可以说是“乐极生悲”。因为起码有两个确定了的令人骄傲和自豪的事情等着他呢。

一是作为为数不多的中国学生代表去新加坡著名的南洋小学回访。

曾有一批新加坡南洋小学的学生到中国来，到东北育才学校来访问，其中有几位就住在我们家，让这些新加坡的孩子了解中国，了解中国的学校，了解中国学生的家庭。

治先把他们带到姥姥家里来，住在一起，吃在一起，并在一起看书写作业，也在一起看中国的电视节目。治先与这几位异国的伙伴成了好朋友，在选派回访学生时，学校自然考虑到让治先参加，这时，他的护照也办好了，一切准备就绪。

二是东北育才学校选派参加在北京举办的“走进美妙数学花园”全国数学比赛的团队，名单里不仅有治先，还让他担任领队。

就在这样一个喜气笼罩的日子里，治先课余疯玩，玩得过头了，玩那种“天梯”，两手倒换着向前挪移。平时他玩得真的可溜了，谁见谁夸。可这一天，他玩失手了，“淹死的都是会水的”。他本来玩得出神入化的，这下子却玩栽了，从“天梯”上重重地摔下来，摔得不能动弹了。当时也没有手机，他和同学都没有骨折的概念，他自己走回教学楼向老师报告，同学们惊呼着跟着他上楼围在老师身边，教室距离操场挺远的。

老师得知这个情况后，立即用电话把家长找了来，爸爸妈妈听说后同时赶来，并赶紧把他送到医院。

医院的医生当时怀疑是不是骨折了，骨折一般是不疼的，但为了安慰患者，还是拍了X片子，片子显示没有骨折。这样就基本上定了回家休养。可是治先自我感觉是骨折了。他对爸爸妈妈说，肯定是骨头折了，肯定是！

是医疗仪器检查的结果对，还是孩子自我感觉对？相信哪个？

一般的家长不会把小屁孩儿的话当回事，摔了一下，能不疼吗？特别是到医院拍了片子，医生根据片子说没有骨折，怎么会是骨折？

但这次，爸爸妈妈相信了孩子的感觉，立即带他到另外一个医院拍了个三维彩色CT图片。妈妈和爸爸拿着片子请儿童骨科的张主任看，从几个角度看，最后确认，治先不仅是骨折了，而且骨折得很彻底，十分严重，骨折后骨头直接插到了肌肉里，这样就只能做手术了。张主任把已经下班离岗的助手从家里喊来，手术室一时安排不开，直等到晚8点，张主任加夜班亲自给做了手术，没用钢板固定手段，那样还得二次手术取钢板。用了在肩膀头穿钢钎，等里面长好了，再把钢钎拔出那种手段，真的是严重得不敢想象。

懂事的孩子对家长常常是“报喜不报忧”的，治先的爸妈没有及时把治先摔骨折的消息告诉双方的老人。是过了两天，治先手术后稍平稳和安定后，才把这个坏消息告诉我们。

我们听了这个消息，心如刀绞，小治先啊，小外孙，怎么遭这样的大难呢？我们立即联系到治先的爷爷和奶奶，一起匆匆去医院看望。我们找到治先的病房，看到治先在打点滴，爸爸因昨夜没睡好，在床边小憩，妈妈正在沙发上写判决书呢，她把法院的工作带到病房里做了。

什么话都不能再说了，新加坡的回访肯定去不成了，在北京举办的全国数学比赛，学校还指望他拿成绩呢，他是参赛组的组长……

我带来一首小诗读给治先听，这首诗表达了我们四位隔辈长者的心声：

既然伤了，就安心养伤，
别把太多的事情放在心上。
挫折有时也是一种锤炼，
让自己更加勇敢更加坚强！

既然伤了，就安心养伤，

事情已经发生，不要多想。

把它当成一个教训，

让自己更快乐健康地成长！

治先的叔伯姐姐段雨婷给他一个慰问卡，上面写满了鼓励的话，让他勇敢地战胜这个灾难，做一个真正的男子汉！我的老母亲、治先的太姥、93岁家族的“佘太君”也到这20层楼的病房来，眼睁睁地看着治先打着石膏的胳膊，心疼得掉眼泪，老人给这个重外孙的枕头底下塞了钱之后才不舍地离开了。

这个意外对治先确是一个不小的伤害，但同时对他也是一个考验和锻炼。

治先回顾着自己走过的路。

因为考上了“少儿班”，治先就提前两年脱离了育才学校的小学部，他计划着要与小学部自己四年一班的老师和同学见面告别。他是从这个班级走出去的，他给老师和每一位同学都准备了分别礼物，各是一支笔和一个本子。本子上写了自己的赠言。同学们送给他一兜子礼物，老师也给了他一份礼物。老师和他都在这个告别会上讲了话，恋恋不舍，许多同学都哭了，老师也哭了。老师和同学们都说他为“四年一班”这个集体争了光，把他说成是“四年一班的骄傲”。可他不能骄傲啊，他知道自己前面的路还长着呢！

治先考上了育才学校的“少儿班”，待他上“少儿班”时，臂上的石膏还没拆呢。“少儿班”奇才济济，同学们的脑瓜儿一个比一个灵。看到段治先脖子上挎着绷带，左手臂上托着小木板，立即就给他起了个优雅古朴的带有金庸、古龙笔下人物彩色的绰号——“断肢仙”（“段治先”的谐音）！

◎ 当孩子受了委屈

2009年治先在“少儿班”读初三时，把脚扭伤了。脚面肿起好高，穿不了鞋。喷云南白药治先还过敏。脚烂了，打上了绷带，拄了拐杖。治先坚持去上课。吃午饭时，有同学帮助他打饭送到教室的座位上。妈妈忽然想到一个问题，孩子解大手怎么办？他的脚那个样，学校的洗手间没有坐便，他怎么能蹲得下？怎么能蹲下再起来？

到底是母亲想事想得细，这真的是一个问题。但我对他妈妈说，你这个当妈的也不要把什么事情全都包揽下来，让孩子自己锻炼一下也是好的。关心，照顾，心疼孩子，这都对，但也要让孩子自己解决一些问题包括难题，毕竟将来是他自己面对社会，遇到难题，家长不能“跟班作业”，不能什么都包办，还是让他自己想办法解决吧！

妈妈还是把治先接回家来，回到家后，治先哭得很厉害。我们帮他把脚上的纱布剥开，看到脚肿得老高，脚面上的皮肤破口儿的地方很多，都流着脓水。是脚疼让他哭成这个样子吗？

治先本来是一个挺坚强的孩子呀！他哭得厉害,原来不是脚伤。

今天，班主任老师在全班同学面前说他没病装病，还拄拐杖“出洋相”，说他为的是博人眼球！

老师这样说，治先顿时觉得冤枉得不行，特别委屈。老师应该关心我啊，应该问问脚是怎么弄成这样的，是不是需要休息不要来上课了，应该安慰才对，竟然是批评，是离谱的扭曲的批评，而且是在全班同学面前，让他丢尽了脸面。

这是治先无论如何也想不到的事，这是他无论如何也接受不了的事。

我听说以后，首先就沉不住气了，这是什么老师啊，这是什么学校啊！岂有此理！一个为人师表的人，为什么这样不细致，这样不负责任？在处理孩子的事情上，我们家长错了，我们会主动承认错误；老师就不能对自己做错了的事情进行纠正，对学生说一声“对不起”吗？老师的一个错误的批评，对一个乐观向上、单纯可爱的孩子的心灵，将产生什么样的影响啊？我激动地让他爸妈到学校去找老师“理论”。

他爸爸妈妈都没有吱声。我说不行的话，我到学校去找老师，或找校领导。

他爸爸妈妈仍不吱声。我说，实在不行，我去找我熟悉的媒体朋友，给这件事曝光，让大家评评理，哪里有这样的老师，不弄清事实真相，不调查研究，随便污蔑和污辱一个有伤病的孩子，让一个孩子受这样大的委屈！

我把我的想法再次与他爸爸妈妈说了之后，他们明确表示反对，他们说这位老师是很值得尊敬的，有许多长处，对治先的关怀和爱护也很多。只是在这一件事上误会了治先。

他爸爸妈妈觉得恰好有这样一件事，可以让孩子得到前所未有的锻炼，锻炼他的承受能力，让他遇到不正确的待遇时能够挺得住，能够正确对待。

我把这件事及我的想法与治先爷爷说了，这是一位 1964 年毕业的“老清华”。爷爷主张这样的事不要大人出面去处理，让治先自己与老师沟通，让他自己向老师说清事实是怎么一回事，家长掺和，特别是长辈掺和进来，就容易把事情弄复杂了，对孩子成长也是不利的。

我一想也对，便没有再介入这件事了，也不再让他爸爸妈妈介入这件事了。妈妈说，我们原本就没打算介入，只让治先自己找老师沟通。他们力主通过这件事，对治先进行性格成长方面的锤炼。

治先回到家来，脚背仍肿着，还出了疹子，腿上，身上，甚至脸上，也都有疹子。他爸妈继续带他到医院治疗。我暗暗想，这就是老师信口说他装病给他身心造成伤害的结果。治先是一个非常有自尊心的孩子啊！根据两代家长达成的默契，我们继续给他讲，人可能会遇到别人不理解，别人误会，别人诬陷，别人诽谤，别人栽赃……但一定要经得起。恰好新来的 3 月 5 日《文摘报》上有一篇转自《扬子晚报》上的文章《谍海才女关露坎坷人生》，这也是让我十分感动的一篇文章。

在20世纪30年代的旧上海，关露与张爱玲、丁玲齐名，是三大才女之一。她不仅诗写得好，小说散文也写得不错。电影《十字街头》主题曲就是关露写的：“春天里来百花香，朗里格朗里朗里格朗，和暖的太阳在天空照，照到了我的破衣裳……”至今，年纪稍大点儿的人都会哼唱这首歌。

1939年，关露正在为自己的一部长篇小说做最后的修改，接到一个紧急任务，要打入上海汪伪特工总部，并对其当时的特务头子做策反工作。那时关露仅30岁，风华正茂，工作热情高，能力强，达到了预期的目的。因她陷于特务内部，被人们不齿，各种抗日的进步的文艺界的活动，都不再让她加入，她很痛苦，要求去延安，组织上让她继续在敌人窝里工作。好友不信任她，写作进行不了，恋人不得相见。组织让她到日本人办的刊物当编辑，她常处于半饥饿状态，竟然想去卖血。她去东京参加“大东亚文学代表大会”，回上海，见到报上大骂她是汉奸文人。

在敌营苦熬六年之后，关露等到了日本投降的那天，她回到东北解放区，本想重拾文学创作，却因她的汉奸名声，没有地方愿意发表她的作品。连她的恋人王炳南也与她绝交。王炳南从事外交工作，组织上不允许他与关露结合，担心产生不良“社会影响”。在整风运动中，关露又成为重点对象，因潘汉年案被牵连，两度入狱，蒙难多年，在狱中八年，身心备受摧残。1980 年患脑血栓，1982 年潘汉年案平反，与之相关的关露也得到了平反，澄清了她是党派到敌人内部做情报工作的。这才让关露松了一口气。关露逝世后，国家文化部为她举行了隆重的葬礼。

我让治先认真地看了这篇文章，世上被冤枉的人很多，你这点儿小小的打击，不必太在意。他姥姥也讲了自己在单位当出纳时曾被人误以为贪污了公款，她自己内心是最清楚的，明明被人家诬陷了，却有口难辩，最后是时间做出了证明。我们嘱咐治先处理好这件事。

治先说受不了的，不仅是老师以为自己是装病，老师一说，同学们也真以为他这些天是装病，实在是太委屈了！我们都说，你暂且不管这些，把心思放在功课上，不再为这件事干扰自己的心绪。

经受了这样一次磨炼，治先提高了自己承受打击的能力。

第6章

激发孩子的学习兴趣

孩子学习好坏一直是家长最关心的问题，家长要明确两点：第一，学习是一种能力，最大目的是学会学习；第二，学习是孩子自己的事，家长逼着孩子学是不对的。

学会学习是有方法可循的，家长要在适当的时机进行引导。更重要的是，家长要让孩子明白，学习是为自己而学。

◎ 家长要关注孩子的学习在不在状态

东北育才学校有“少儿班”，是东北育才学校超常教育实验部的通称和代称。我们曾很闭塞，对这样一个信息，我们家人并不知道。后来因为有亲戚、熟人的孩子考进这个班，并在那里学了一年，觉得这也是可以让治先试走的一条路。

这个“少儿班”的学生，比普通同年级的学生约小两到三岁。“少儿班”的学生都是学习能力强，潜力大，年纪小。多数是从小学五年级越过六年级“跳”上来的，一少部分是从小学四年级越过五、六两个年级“蹦”上来的。治先就是从小学四年级“蹦”上来的。

“少儿班”也被人们称为“学霸班”，全是学习成绩遥遥领先的学生，这样一个传奇的学习平台，令许多孩子特别是家长关注、倾慕、向往。

2007年的夏天，治先考“少儿班”是一个很奇妙的经历。

第一轮初试就是普通的语文、数学、外语的笔试。结果是3000名报考的学生，经过第一轮考试，留下240人。

这240人试读一周，仅仅一周之后进行复试，据治先当时回来讲，从来没有参加过这样新奇的考试。考生在一个教室里听老师讲某些新课，有的是让你在课堂上做笔记，看你是不是能记住重点，是不是记得全面。有的根本不让学生拿笔记，只用心听就行，这一课讲下来后，换到另外一个教室，让你回答上一课老师讲的内容。这考的是学生上课的注意力、理解力和记忆力。我听了觉得真的太新鲜了，不能不对这样的尝试表示赞赏。

这240人试读一周，复试，筛出84人，分两个班，一个班40余人。这两个班，讲的是初一和初二的课。上了一年的课之后，到了2008年夏天，进行考试，前25人继续留在“少儿班”，其余的回归常态的初中一年级，这就是个分流的过程。

治先就获得了这样一个好的机会，小学只念了四年就进了初中，而且是进了这么个名声在外的“少儿班”！

分流之前的一段时间里，治先自己也没调整好，学习根本不在状态上。这时候他上课的时候不好好听老师讲课，在课堂上和同学说话，给同学起外号，甚至还给同学的家长起外号。

班主任梁老师为此找了他爸他妈，把他的表现通报给家长。

爸爸妈妈认为老师指出的问题需要认真对待，需要提醒孩子改正，于是很郑重地对治先劈头盖脸地斥责一顿，让他感到问题已经很严重了。

能留在“少儿班”是值得自豪和骄傲的事，但留下来之后的压力也颇大，因为这一个班全是“尖子”，按学习成绩治先排在末尾。爸爸妈妈两人商量了一下，对他指出：“你在班里已经是最后一名，学习成绩没有地方再掉了。只是你要注意课堂纪律，上课注意听讲，按时完成作业，经过努力是可以进步的。”

治先听了老师和家长的话，经过努力，第二周的周练习就从 40 几名追赶到 30 几名了；再后来，追赶到 20 几名，到初中二年级期末就到前 10 名左右了，并能稳定在这前 10 名的位置，到出国前高一的时候，治先竟考出了班里第 5 的超常好成绩。他可是从全班倒数第一的位置上追上来的呀。这样的班，每一个同学的好成绩几乎都是稳如泰山的呢！

如何让孩子的学习成绩得到可能的提高？关键的关键，是家长给孩子确定的进步目标要十分科学可行。爸爸妈妈虽然也为孩子的学习成绩落在全班的最后面而焦急，却没有一下子提出要从倒数第一进步到前几名的指标。这样盲目地提出不切实际的指标，孩子蹦高也达不到，只能损害孩子的自尊心、自信心，产生“破罐破摔”的自卑心理。他们提出的是循序渐进的非常合理的指标，他们对治先说，你现在是全班最后一名，“打狼”的角色，你首先要想法超过一个或两个，上升一位到两位。治先觉得可行，就努力去实现这个目标。家长把大目标分解成许多小目标，然后一个个突破，从最后一名，到前二十名，再到前十五名，再到前十名……

如果家长给孩子确定的目标不科学，孩子达不到，就训斥，就打孩子，就批评，孩子说，人家某某的家长被评上先进工作者了，晋了副高了，当了处长了，你怎么没评上、没晋、没当上呢？你当家长的都没有这样的成绩，怎么就要求孩子要优秀到那个程度呢？

◎ 要让孩子随时找到身边的标杆

一般来说，孩子的模仿能力天生就很强。给孩子寻找学习的榜样，可以是远在天边，但最好是近在眼前。特别重要的是，让孩子自己感觉到身边标杆的高度，感受到身边标杆的魅力。

白若琦是治先东北育才学校第22届“少儿班”的同学，她是一个具有传奇色彩的优秀学生。在同学中间，白若琦是学习成绩一直居高不下的好榜样。

近年来，人们无论居于何地，都免不了会听到对学校和老师补课的骂声，国家教育主管部门大力倡导减轻学生课外的负担，严禁占用学生课余时间给学生补课，电视上经常曝光，报纸上也经常披露，某某学校领导和某某老师被批评，被处分，被责罚，但补课之风不但屡禁不止，反而愈演愈烈。

家长舍得花大钱给孩子找补课老师，似乎只有把学生的课余时间全占满用来补课，家长才能松一口气，好像只有这样才算尽到了家长的责任，自己没有时间照顾孩子，或者因知识所限无力给孩子辅导，那就花钱请老师给辅导吧，这是家长给自己的一种心理安慰。

学生在放学后的时间里，包括在周末和节假日，都塞满了补课的内容，似乎只有这样才能提高自己的学习成绩，只有这样，才可以让自己跟上“以分数论英雄”的大队伍，不至于被甩下来，这似乎可以在学生心理上起到某种镇定的作用。

其实这是家长和学生双重的误区。学生在一个时间段里成绩跟不上，通过自身的努力，调整学习的方法，有时候是可以赶上来的。

什么话都不能说绝对。有的老师上课讲得好，学生上课能听明白，根本就不需要补课。但是如果老师讲得稀里糊涂，学生上课又没听得太懂，再不补课的话就什么都不会了。

事实证明，多数补课的家庭花了大量的钱，学生耗费了大量的时间，往往补课的结果并不如人所愿。也有一些同学补课之后成绩会变好，这是因人而异的。那种去补课班上大课，和请名师一对一补课，两种补课的效果肯定也是不一样的。有的学生总补课，依赖感增强，正常上课因为事先补过课，以为学过了，反而忽略了，反而不上心了，甚至对老师正常上课也没有兴趣听了。这是补课让一些学生走进了误区。

白若琦是班里的“状元”，是全学年组固定的第一名。她的爸爸妈妈又都不在她身边，都在外地上班，她的家也不在沈阳。每个周末，都是她爷爷赶到沈阳来陪她过周末，爷爷也只是“陪伴”而已，所有的生活和学习问题，都是白若琦自己打理：做饭，洗衣服，收拾房间，为租房交纳各种费用，都完全是她自己做。她是一个不只是会学习的孩子，也是一个独立生活能力很强的孩子。

聪明且用功，又很会用功。治先从白若琦身上看到许多值得学习的优点。比如，她有一个“错题本”，上面抄着她自己曾经做错过的题，她有计划地在某个时间要重新做一下这些题，做完了之后，隔一段，在另一个时间再做。她就是这样把不会变为会，把难题化解掉的。

数学不是白若琦的强项，但她的数学成绩一直很好。她自己把题型分了类，这样的题型，那样的题型，都做过多少道，找出其中的知识点。白若琦和“少儿班”中的优秀生，最与众不同的学习方式，不是从100道题中找100个知识点，而是从100道题中找到那五六个、七八个知识点。这就是白若琦以一个优秀学生的身份带出来的班里的好的学风。

治先很佩服白若琦，白若琦毕业期末考试时，不仅全班第一，也是全校全学年第一。这种大排名，有时差1分都要相差几个名次。她这个第一名比第二名竟然能多17分！

治先总是从白若琦以及其他同学的身上学到自己认为必须学习的长处。白若琦有一个令人十分佩服并可以效仿的特点，这个特点并不特别，每个学生都可以做到，那就是上课好好听讲，认真地做笔记。治先发现白若琦的笔记，字迹工整，甚至比老师的教案都更完整。同学们纷纷借她的笔记，拿回去复印。

同学们觉得白若琦的课堂笔记，似乎比老师讲得更为全面和容易理解消化。

治先学到白若琦的另一个优点是自律性。白若琦会自己安排自己的生活，自己掌握自己的生活起居，有鲜明不乱的生活节奏，所有的事情不靠别人督促，自己的事情自己做。

白若琦的这些优点，治先看在眼里，记在心中，效法并落实到自己的行动上。

课外治先曾经补过数学，他认为也很有收获。他更为坚信靠自己认真在课堂上听讲，好好消化理解老师讲的课，比什么都重要，比什么都可靠。

高中毕业时，白若琦依仗着自己的实力，走进了清华园，成为沈阳市的高考状元。

吴冠廷也是治先经常挂在嘴边上的一个名字。治先说："吴冠廷是我的路标。"治先确确实实是沿着吴冠廷的路一步一步走向前的。

吴冠廷是谁？

吴冠廷的姥姥，是治先奶奶最要好的同事，吴冠廷的姥姥是从治先奶奶家出嫁走的，这样的关系不亚于亲属。

治先考“少儿班”，就是受到吴冠廷的影响，如果当初不是因为吴冠廷率先去“少儿班”，治先也不会知道前进路上还有这样一个学习平台。

吴冠廷自从进了“少儿班”，一直名列前茅，多次考试，始终在第一名的位置。

2007年，治先10岁读小学四年级时，就想去尝试一下。一切都是新鲜的，如考试中，除考了小学的语文、数学、英语外，老师讲课不让你记，讲完就考，考你的理解力和记忆力。没有吴冠廷的引领，治先不可能进“少儿班”。

治先进了“少儿班”，同在“少儿班”的吴冠廷高他两届，是他的好哥哥、好学长，更是他的引路人。

去英国留学，是治先另一个较大的人生选项。

好巧不巧，这也是与吴冠廷有密切的关联。因为吴冠廷就是从“少儿班”去了英国的露丝学校留学的，吴冠廷在露丝学校获取了全额奖学金，是他那年那届唯一的一个获全奖的中国学生。这给了治先很深的影响、很大的激励。从此治先就研究去英国留学的事儿了。

吴冠廷是小学五年级考“少儿班”的，高中二年级去英国留学。治先是小学四年级考“少儿班”的，何时去英国呢？

高中一年级放寒假时，治先就报了新东方的“雅思”班，整个寒假学了一个月，补自己英文写作的短板。从决定跟随吴冠廷去英国留学那一刻起，治先就从各方面做准备。

除吴冠廷之外，还有爸爸妈妈的要好朋友王立宁、那源溶的女儿王那淑媛和另两位朋友王烨、赵薇的女儿梦梦，也都先后去了英国留学。梦梦是先去的，之后是王那淑媛，这给治先一个强烈的信号：啊，这么多熟悉的小伙伴们都出去留学了，那我也要去！他向爸爸妈妈表明了自己特别想出国学习的愿望。

在治先的心里，吴冠廷的今天，就是他的明天！

吴冠廷在英国的露丝学校，伴着治先共同生活和学习了一年，之后，吴冠廷考上了剑桥大学的三一学院数学系，那是剑桥最牛的学院，最尖端的学科，是象牙塔上的明珠。这对治先又是一个巨大的激励，让他也奔着吴冠廷走过的路向前，最后也考取了剑桥大学。

人世间的友情是无比珍贵的。

吴冠廷的姥姥与治先的奶奶同是教师，交情很深；

吴冠廷的妈妈与治先的妈妈都是学法律的，交情自是不薄。

那么，吴冠廷和段治先，如今又有这样的缘分，这是没有血缘关系的三代人绵绵延续的友情啊！

治先在读大学时结识了一些好同学、好伙伴，他们在一起，兴趣相同，性情相近，互相帮助，共同前进，那是一曲曲难忘的、响亮的青春之歌。

治先的好同学、好伙伴很多，我把我知道的几位有代表性的同学在这里介绍一下。

胡文廷，大连人，在大连读了初中，在新加坡读了高中，也是塞尔文学院毕业，大治先 11 岁。治先初到剑桥，他就在读博。胡文廷十分优秀，是一个拿全奖即全额奖学金的高才生，他见到从中国来的低年级同学如段治先和顾仲阳，特别亲切，像对待自己的小弟弟一个样，热心帮助，他与鞠扬、李琳等高年级的塞尔文学院的学长、学姐等对治先等低年级的同学都十分热情。

胡文廷的特点是爱钻研。自己不会的，就一定要弄明白，不弄明白决不罢休。他特别适合做学问。治先等低年级的中国同学写的作业、论文和报告，他都要看一看，帮助改一改，还给你讲为什么要这样改。治先申请工作填表，他都要过问并给予帮助。那次写毕业论文，从排版，到校对，他给予了很大的帮助。他需要治先帮助做的事，治先当然也是没二话。

治先一直叫他“廷哥”。“廷哥”毕业后，每次回剑桥都住在治先的房间，与他聊天，一起玩游戏，他们能聊得来也玩得来。“廷哥”博士毕业，在英格兰最北部的城市纽卡斯尔，工作三个月后提为讲师，开始教课了。这次治先毕业，“廷哥”专程赶过来参加治先的毕业典礼，为治先祝贺。

治先深感“廷哥”具有钻研精神，要做学问，就得有他这样不熄的求知欲。“廷哥”是学化工的，治先是学材料的，治先有不会的东西就问“廷哥”，他解答不了的，不是拒绝回答，而愿意去查阅资料，这虽然不是他的专业，但他也愿意探寻一个明白，做些研究。

治先说，“廷哥”让我看到他身上有一股“打破砂锅璺（问）到底”认真钻研的劲儿，这是我所缺少的，而要成为一个好的学者，必须具有这样的品格。

张元，1995年出生，山东人，比治先小一届，学的是经济。张元原想和父亲一起从事金融工作。高中是在英国的贵族学校念的。个人爱好听音乐会，看话剧和音乐剧。在校读书期间开始找工作，他在这上面下了很大功夫。找工作期间，曾向上百家企业递交了简历，在线测试、面试，他在这方面的经历非常丰富。

治先说：“张元这个人特别好，我们这些朋友总觉得他会被人欺负。张元小提琴拉得非常棒，还参加过中国华乐团西乐部的很多次演出。张元在我的影响下，很喜欢玩电脑游戏，经常和我一起玩很久的游戏。后来做了与金融相关的，现在在伦敦一家精算公司工作，研究养老保险。”

治先笑说张元保持着“贵族”的生活习惯，吃的、用的，一定要到最高级的超市去买，去饭店也要去高级一点的饭店。他母亲是哈尔滨工业大学山东分校的教师，父亲是中国银行的高管，在香港工作。在日常系领带、扎领结方面，他是唯一最懂行的。治先等人本来以为自己都会做这些事的，但在张元面前就差了一截。

刘方舟，北京人，是一个美食家，他做的饭菜非常好吃，是这些伙伴的“大厨”。放假的时候，他乐于给大家做各种好吃的，面条一定要自己抻。

治先说：“刘方舟本来想学机械工程，他共报考五所大学，明明其他四所大学都报的机械工程,偏偏剑桥报成了自然科学。所以他对我们学的东西并不是很感兴趣。他最想学的是机械工程，却阴差阳错，做了别的事儿。”刘方舟和治先一样也是学材料的，但他对材料真的没有兴趣，毕业后不想做自己学的专业，他要找一份咨询公司工作，这可难了！期末考试阶段，他一边复习功课，一边准备就业方面的事情，终于进入了世界第二大咨询公司，而且如愿地到这家公司的北京分公司工作了。

肖尧，与治先是沈阳老乡，同届，上小学一年级时全家迁至苏州，所以也算苏州人。大一时，与治先、刘方舟上的都是自然科学，到大二时，肖尧转到了化工系。肖尧是一个聪明、爱玩的小伙子。治先在动漫和网络游戏方面是属于精通那一类的，肖尧比他更为熟络。在朋友眼里，他是活得最逍遥自在的。毕业后是读博呢还是找工作呢？他不急，走一步算一步。最后还是在剑桥读博了，读的是化工专业，与“廷哥”相同。肖尧还是治先朋友之中第一个找到女朋友的。他和女朋友两个人从大一在一起，一直到毕业后结婚，也是治先朋友中结婚最早的。肖尧结婚时，治先还做了他的伴郎兼证婚人。

顾仲阳，1992年出生，家在深圳，比治先大5岁，热爱学习，喜欢数学，住在治先的隔壁。在剑桥学习成绩不很理想，没能在剑桥读研，就到东京的数学专业硕博连读了。顾仲阳和治先一样喜欢动漫和游戏。尽管差5岁，却没有任何代沟，两个人兴趣相投又住在隔壁，经常一起吃饭、看动漫和学习。上学期间，治先暑假两次还去深圳找顾仲阳聚会，还一起去了香港游览。顾仲阳在剑桥本科毕业后，去东京大学继续读书，也是找到了理想的院校。治先和他的小伙伴们对他去日本硕博连读也有些羡慕呢。

治先在剑桥时，有太多的好伙伴。他们给了治先精神上的鼓励，学习上的帮助，生活上的引导，治先铭记在心。这里介绍的这几位伙伴，都很单纯、善良、热心，都有好的习惯，没有不良嗜好，他们在一起能谈得来，有时聚在一起打打游戏。

在同学中间建立起纯真深挚的友谊，对于远离家乡孩子的生活和学习，都是至关重要和宝贵的。

◎ 孩子学习潜力大，家长要善于挖

沈阳的中山广场有一个英语角，这是许多人都知道的事情。许多孩子，甚至是成人，为了提高自己的英语会话水平，在晚上下班、放学之后，不约而同都来到这个地方。

有时候，这里还有一些“老外”，“老外”中有老也有小，他们在这座城市生活、学习、工作，有的就是英语教学的外教。我记得海英和海泉都曾在这里磨炼过自己的英语对话，可见这个英语角建立很多年了。

我发现了治先有一篇作文写的就是《英语角》，从中可以看到当时家长是怎样鼓励他继续和“外人”接触，多和陌生人对话，在学业和性格上得到双提高。

下面是治先的《英语角》原文：

上小学时就听说我市中山广场有一个英语角，可是我一直都没去。近来学习非常忙，妈妈让我去的时候，我总是以这个借口推辞掉，其实我是怕说错。后来，在我妈天天的催促下，我抱着试一试的态度去了。

到了那里，起初我是很消极的，找了一个有两个小姑娘对话的地方听着。认为这样便可过关。可过了一会儿一位年龄和我相仿的同学，在他妈妈的鼓励下来找我对话。我便只有答应下来。

后来，谈着谈着，发现用英语交谈并没有那么难，而且也不用担心说错，因为对方也有很多的词不会说。所以我就放开了说，并且不会说就用汉语。我们谈许多有关学校生活的问题（包括作业量）。

他走后，我到了一个聚集了很多人的地方，发现里面有一个“老外”，大家都在用英语和他对话，并且我还发现了我的同学——赵英希也在那里。于是我也加入其中，和他们谈话，虽然没有他们说得那么流利，但也凑合。我们聊得很快（开）心。最后到晚9点才恋恋不舍地离开。

治先从小学一年级开始英语成绩一直比较好，育才学校抓得紧，治先本人也喜欢学英语，所以他在班里的英语成绩每次考试都很靠前。

2010年1月，在寒假期间，治先为迎接出国留学，在父母的安排下，“临阵磨枪”，进行了一个月的短期雅思培训。

雅思的全称是国际英语测试，是著名的国际性英语标准化测试之一。它是1989年由英国文化协会、剑桥大学考试委员会和澳大利亚教育国际开发署共同创办的。

雅思考试成绩被英国、爱尔兰以及澳大利亚、加拿大、新西兰、南非等英联邦许多教育机构和越来越多的美国教育机构、各种各样的专业组织接受、承认。

雅思考试包括四个部分：听力、阅读、写作和口语。考试时间为2小时45分钟。每一部分都独立评分，四部分得分的平均分为考生的雅思综合得分。满分为9分，考试成绩在考后10个工作日后通知考生。这个成绩有效期两年。

治先当时报考了培训班，培训班根据每个学生的学练情况，做出智能判断，实时补充相应的学习内容，并不千篇一律。

治先选取的是一对一的教学，因人施教，对症下药，突出重点，立竿见影。治先的授课老师叫杨薇，是一位经验丰富的权威教师，她知道治先写作是弱项，在写作上给治先更多的启发和帮助。首次雅思考试，治先的综合成绩是 6.5 分，这个成绩去英国留学是够了。

到英国上学之后，治先也没有停止雅思的课程。他放假回到沈阳，继续到杨薇老师那里参加培训。第二回考试综合成绩提高到 7.5 分，主要是写作成绩给了 6.5 分，仍然是他的弱项，拉了综合的成绩。本来治先的中文写作也是一个弱项。说到这一点，我这个当作家的姥爷十分羞愧，竟然没有在中文写作方面带动和影响好自己的小外孙，真正成了“灯下黑”。

英国的学校也有雅思课，加上每次放假回国都去杨薇老师那里进行培训，而且重点攻写作。杨老师给他布置作业里多加了英文写作的作业，让他在这个弱项上取得了一定的突破性的进步。这样在考剑桥面试的前一周，第三次雅思考试的成绩出来了，他的听力和阅读都是 9 分，写作和口语分别都是 7 分，综合分数是 8 分，终于达到了剑桥对录取学生英语水平的要求标准。

治先的体会是在低分段可以通过一些技巧让成绩快速提高，但是要想达到 7 分以上的高分段，还是要靠多写多练，这里面没有太多窍门可言。平时治先也爱看英语电影，如《哈利 · 波特》就是他最喜欢的电影，看了很多遍，这部电影陆续出了 8 部，每部两个小时，治先看了还想看，甚至许多台词都能背下来。

治先说：“在英语学习上，看三个电影，不如一部电影看三遍。”这是他经常与不同的人都说的话，算是他很管用、很在意的小小的经验之谈。

对语言的敏感性，兴趣爱好让治先接触到日语。治先是看动漫接触到日语的。他进入露丝学校后，由同学推荐，开始看日本动画片，是没有中文配音的那种，动画片带中文字幕，常用的句子、词汇，看多了，慢慢就知道动画片里人物说的话是什么意思了，甚至能看出中文翻译得准确不准确，有没有瑕疵，自己不仅能发现，看出翻译上的毛病，还能给纠正过来，因为治先知道怎么翻译才是最正确的。

治先考上了剑桥，人家嫌他岁数小，让他年满 16 岁时再来正式报到，在家缓待一年。就是在这样的背景下，他报了个日语班。

这个班的吴超老师面向的不仅是治先这个年龄的普通在校学生，也面向社会上年过半百的大妈、大伯，这些大妈、大伯是因为家有孩子在日本上学或工作，要去陪读，要去探亲，要去那里给孩子看孩子，为了到了那里不是两眼一抹黑，来此突击学一下日语。

这位老师要面对着完全不同的就学对象，所以他只能因人施教。

学习中，治先懂得了学日语，语感很重要，觉得这么说就对，那么说就不对。经过系统学习，他进步很快。就这样学了半年，将要参加等级考试。

考试前，治先自己做了好多题，主要都是选择题，语法，词汇，能选出做了一两本，他觉得这种选择题很适合他。

报考日语级别时，治先和妈妈商量后，根据自己的能力和水平，报一个二级吧。

嗯？二级？吴老师说，很少有学生在这里只学习半年的时间就要报考二级的，没有这个先例呀！这怎么可能啊！如果二级考试通过了，就达到了可以到日本工作的水平了。老师建议他报三级，并且说了一句："以为你是神童啊？"

治先回家和妈妈说，妈妈根据他平时模拟考试的成绩，坚定地说，你甚至都可以试报一级的，考二级应该问题不大。治先就和老师说，仍然坚持报二级。

老师没有阻拦，学生如此执着，想报二级就报吧！

考试后的一个月，成绩出来了。治先考二级考了一个满分180分，一分也没扣，顺利通过二级考试。

对治先考出的这个成绩，吴超老师表示十分惊讶，他说："没想到，没想到，你真是神童啊！"

治先在剑桥念大一放暑假回家，假期三个月，他准备了一个月，做做题，接着报考日语一级，满分也是180分，他考了个170分，听力扣了10分。因为在考听力时，有个人的手机响了，这一道题的语音，治先因那个手机的响声而没有听见，自然就没答上来。这道题被扣了10分。这又一次让吴超老师感到惊异。

在露丝学校念高中时，治先没有日本同学。上了大学以后才认识了一些日本同学，还通过剑桥的日语老师差点找到了在东京的工作。那是一个德国企业在日本东京分部招管培生，治先进入了最后一轮面试，不过因为妈妈的坚决反对，以及治先忙着期末复习，治先就没有去参加这个企业最后的面试。

治先学日语并不是想去日本工作，但多会一门外语，就可能在社会上多了一些机会，多了一些可能性。在后来大学毕业后申请工作时，因多会一门外语，也是给加分的。在大学时，因学了日语，便能够和一些日本同学进行无障碍交流，成为朋友，也顺利地参加了日本同学的一些文化社团如剑道社团的活动。

◎ 一位好老师会影响孩子一生

老师对孩子的态度，影响的不只是一时的学习成绩，往往可能伴随孩子一生。

前面的文字叙述里，曾几次提及治先在东北育才学校“少儿班”的班主任梁晓光老师。这里需要稍细地介绍一下这位好老师。

一个学生在学习阶段能遇到一位可心的、喜欢的老师，并不是一件容易的事，这几乎没有个人选择的余地。多数老师都会受到学生的接受和欢迎，但真的并不是每一位老师都能让学生发自内心喜爱，这样的老师必须要有独到的个人魅力。

梁晓光在治先的心目中，就是一位个人魅力格外吸引人的老师。

首先，梁老师对治先有知遇之恩。

学生进入高一年级，学习抓得更紧了，作业留得多，除了极个别的优秀同学外，作业都根本写不完，要写完都得熬夜。要想写完还不想熬夜，就只能抄作业了。

班里抄作业的现象越来越严重，梁老师急眼了，他当着全班同学的面，厉声问："大家都诚实点儿，扪心自问，谁没抄过作业？"全班同学只有一位举手。梁老师当场宣布这位同学是这学期的优秀学生，"其他所有人全都取消评优资格，因为你们都抄作业了！"

这样一来，没人学史、地、政（历史、地理、政治）了。少儿班都是学理科的，平时大家也不重视史、地、政。可是学校要求至少史、地、政要及格才可以评优秀学生，既然取消评优资格了，就干脆不学了。

到了期末考试时，这三科加起来一分也没拿到的同学也有。治先三科加起来50多分还能位居前十呢。选择题瞎蒙也能答对几道题，你想拿零分其实那是很难的，可是真有的同学故意答错，一心要零分。有的同学在政治卷答题时，连着写"老师辛苦！""老师辛苦！"就是不回答应该回答的问题。

这说明学习是一环套一环的，处理一件事也会影响到其他事的结果。

治先定下来要出国留学的时候，梁老师曾建议治先读完高中课程，甚至上了大学之后，这样出去再念，一定会顺利很多。治先说：“出国这事定了，我反复思考过了，决定马上就出去念。”

既然治先心思已决，没有商量的余地，梁老师也默认了，但告诉他，暂时不要与同学说这件事，到了期末的时候再说，免得在同学中引起波动，影响到大家安心学习。治先应允。

后来是梁老师自己不小心把治先要出国留学的信息透露出去了，有一位同学特别想干治先在班级干的工作，就是给班级的鱼儿换水，他看好了这个活儿，向梁老师提出了申请。因为给鱼儿换水可以不出操，都是利用大家出操的时间换水。

梁老师说，你别急，你别急，你等到下学期吧，下学期，段治先走了，让你接他的班。

嗯？段治先走了？他往哪儿走啊？就这样，段治先要去英国上学的事儿在班里再也保不住密了，在同学中引起波动那是不可避免的。

梁老师授课优秀，他是物理老师，只因他讲课的诱惑力，让治先对物理学发生了浓厚的兴趣，在这之前，治先没学过物理，也没在外面补过物理的课。梁老师讲物理，让他知道了天下还有这样好的一个学科，使他对物理始终爱好，直到被大学录取后，也把物理作为自己攻读的仅有的几门功课之一。

在英国留学期间，每次放假治先回来都要去看望梁老师，梁老师很实事求是，他肯定了当时治先的选择和决定是对的。毕业后，梁老师仍朋友式地与他的学生保持联系。治先感恩老师对他的关心和栽培，并感恩老师把物理课讲得那样漂亮，直接影响到治先大学选择的专业，甚至影响到毕业后选择工作的方向。

第7章

适当重视多方面发展

人生最重要的就是体验，孩子的眼中不能只有学习与成绩，家长引导孩子学习的过程中需要渐进式的放手教育，培养孩子的独立性和主动性。

家长要让孩子发掘最好的自己，成为学习自律、兴趣广泛、生活独立的人，让孩子发现自己的天赋所在，走出自己的路。

◎ 注重孩子计划性的养成

治先对自己学习是有详细的自我安排的，他的学习是有计划性的，他很早就开始期末考试前的复习了。他复习的时候，有的同学还在玩呢。等这样的同学复习的时候，治先已经复习过半了。

有的同学没有复习计划，几乎把复习的功课全推到后面的时间里，这样复习的效果不怎么好，效率不是很高，自己感觉很累，累得喘不上气儿。

这个计划性还应该推广到其他方面，做什么事都要有计划性，这是治先从小就由父母给灌输的一个理念。

“凡事预则立，不预则废。”有没有计划性，对于一个人的成长来说是相当重要的，尤其是对一个学生、一个青少年。

就拿花钱来说，治先的一些同学，每次从家回到学校都带来不少的钱，花钱时大手大脚，买鞋，买包，买衣服，买化妆品，买新出的电子产品，不怎么节制。

有的家长给孩子一个卡，随便花，刷吧、刷吧，天天高兴地刷卡，没钱了就通知家长快把钱打到卡里，家长得知后，立即办，“再苦不能苦了孩子！”没到期末，孩子带来的钱就花个精光，没钱了，还得用钱，就到处借钱。

有一个同学家在上海，家里给他的生活费是治先的 5 倍到 10 倍，花钱从不考虑是否需要，从不考虑钱是否够花，一些用品都是从国外订购寄到英国学校的，花钱没边儿没沿儿，最后从外国订购的东西，连关税都付不起了，也没钱吃饭，把生活费都提前预支了。到期末的时候，这位同学还要向治先借点钱，在下学期开学时，家长给了一个新学期的生活费时再还给治先。

在全校大会上，校长讲到有一位同学家长受骗，孩子的 QQ 被盗，骗子让家长往一个银行卡里打钱，说急需。家长想都没有想就打了 10 万元人民币。后来知道是骗子的骗局，这才报了警，但 10 万块钱再也没能追回来。家长打钱的账号不是孩子的，是骗子的。

◎ 让孩子找到自己的兴趣爱好

在治先成长中，曾经有一些崇敬的偶像，舅舅胡海泉就是其中的一个。

治先在两三岁的时候，就在电视上看到舅舅演唱和表演，他特别喜欢舅舅的歌，因为舅舅刚出道的时候有许多机会回沈阳，治先见舅舅并不难。

舅舅也很喜欢这个小外甥。

在治先心目中，舅舅很了不起。凡是电视里放出舅舅的歌，还有录放机放出舅舅的歌，治先都喜欢唱，舅舅最初的每张专辑，包括这些专辑里的每一首歌，治先都会跟着唱，他自己在家时总是反复放，反复唱。舅舅第一张专辑《最美》中的《最美》《难道》《谁不曾，谁不想》《把爱留给爱你的人》《爱浪漫的》，甚至周华健为舅舅专写的《转弯》他也会唱。

每当电视里有舅舅在唱歌，治先会要求坐在电视机前沙发上的姥爷姥姥、爸爸妈妈都像歌迷在现场看演唱会一样，在跟着唱歌的时候，把两只胳臂举起来，跟着坐在前面地板上的他，向左、向右摆动，哪个弄错了，或不认真，他立即去给纠正。

有胡海泉这样一个歌星舅舅，治先感到非常骄傲和自豪。

2001 年，我和老伴带着我近九旬的老母亲和只有四岁的治先到北京去看海泉，在海泉住处，治先竟主动要学舅舅

“作曲”。

这样小的一个孩子怎么会“作曲”？没有大人要求他，也没有大人指导他。

治先让我用笔给他记下他哼唱的“作曲”的曲谱，一共是三首古诗词，一首是王维的《画》：“远看山有色，近听水无声。春去花还在，人来鸟不惊。”一首是杜甫的《绝句》：“两个黄鹂鸣翠柳，一行白鹭上青天。窗含西岭千秋雪，门泊东吴万里船。”一首是骆宾王的《咏鹅》：“鹅，鹅，鹅，曲项向天歌。白毛浮绿水，红掌拨清波。”这都是小治先背诵过的古诗。

治先这样早就发现古诗中的音乐律动，想到如今撒贝宁主持的《经典咏流传》节目，治先也是挺有先见原创意识的呀！

最让我难忘和惊异的是，他在舅舅家，一个四岁的孩子从词到曲创作了一首《大老黑之歌》，这歌名也是他自己想出来的，他让我把他哼唱的这首歌，连词带曲原封不动地记录到纸上，而且反复让我校对，给他重复哼了一遍又一遍。

等忙碌的海泉从外面赶回家来，他央求舅舅把他创作的这首歌用钢琴弹唱一遍，海泉弹唱的时候，治先让我把他舅舅弹唱的他作词作曲的这首“歌”用录音机录下来，录到磁带上。之后，又让我反复放，看是否录得完整！

这是一种什么样天赋的原创驱动力啊！我们可都是从小喜爱诗歌创作的。

我是15岁在《辽宁日报》上发表第一首诗《给阿拉伯小

朋友》。

海泉是12岁在《琥珀诗报》上发表第一首诗《小水泡之歌》。

治先是8岁在《沈阳晚报》上发表第一首诗《秋天》。

海泉特别关心治先的生活、学习和性格成长，特别是性格成长。待治先长大了，个头不小，海泉捎来一大堆衣服、鞋子和双肩包什么的，治先春夏秋冬都可以不用买衣服了，海泉提供的衣物，不仅合治先身，更合治先意，每一件都很时尚，而且很多都是海泉自己没有穿过的，价签还拴在上面呢。

这仅是在物质上的帮助，治先在遇到很多难题或拿不准主意的时候，首先想到咨询和请教的就是舅舅。他信任舅舅有时甚至胜过爸爸妈妈。

治先出国后，课余时间有限，不很了解国内流行音乐的状态，基本上就是反复听舅舅的歌，这成为治先心上最重要的音乐烙印。

很早以前，2003年12月31日，舅舅在天津举办跨年演唱会时，家人要去观看，治先还很小，只五六岁的他也要去。从沈阳到天津一路上治先都特别精神，嘴里哼着舅舅的歌，直到当晚到了演唱会的现场，开场不一会儿，年纪太小、从沈阳坐汽车到天津折腾了一整天的治先实在挺不住，就睡在了全场喧嚣欢腾的音乐和欢呼声中了。全场观众都站起来热烈鼓掌和欢呼的时候，治先的爸爸妈妈没有站起来，因为治先这个小小的观众躺在他们俩的腿上睡得呼呼的。

在治先的印象中，舅舅非常聪明，有大智慧。

出国后，在治先眼中，舅舅从一个单纯的歌星，还跨界担任了节目主持，包括做投资，都做得风生水起。

这时，治先更多的感受到舅舅如何靠自己的努力，开创出一片天地，如何不断拓展成功的边界。这时，他也更多地懂得舅舅为此付出了巨大的辛苦，开会，表演，经营公司，参加各种综艺节目的制作，并且抽出特别紧张的时间报考需要进修的专业去上课，"充电"，让自己的内心更强大。舅舅这么多的经历，都无形中激励着治先前进。

有一次，治先在英国接待舅舅，无论是参观治先原来读书的那个露丝学校，还是走在街上，或是到餐馆就餐，舅舅一再被人指认，人们蜂拥前来，请舅舅签名，要求与舅舅拍照合影。

在过斑马线时，迎面走来的一对年轻的中国夫妇，他们一下子认出了舅舅，惊呼不止，都已经走过了马路，治先和舅舅在路的这边，那对夫妇在路的那边，就这样平行地走，对方始终向这边张望和招手，竟然相伴了很长一段路……

海泉对治先的影响是巨大的，有一次家人在一起闲聊，海泉说到他的近况，并说有一首歌《月光》是东北一个小伙子邢天溯写的，海泉说，这个人年龄最高不到30岁吧。海泉对这首歌评价很高，他说，一个人一生写出这种音乐应该是很不容易的，他说这首歌就是闪光的音乐。舅舅的话，治先听在耳里，记在了心里。更主要的是，他不止一次听到舅舅在背后说到别人的时候，总是看到别人的优长，总是说到别人的好处。

舅舅称赞邢天溯及其作品只是一个例子而已。

无私地赞美别人，看到别人的闪光点，无保留地给予羡慕并向往的关注，这也是治先从舅舅那里学来的一种品格。

治先学钢琴也是以舅舅为榜样的。因为他从小就听舅舅在家弹钢琴，那琴声打动了他幼小的心灵。他到了可以学琴的年龄，家里就给他请了钢琴老师，他开始使用的，也是海泉小时候使用的那架钢琴。

说起钢琴，还有一段趣事呢！改革开放初期，在城市里，让孩子学钢琴曾是一种时尚。当时我们家并没有在意这件事。是我同一机关的一位同事、解放军报驻原沈阳军区记者站站长王文杰家里预购了一架钢琴,亲属又从钢琴厂给拉来一架钢琴。一个家庭不可能买两架钢琴，我的同事刘兆林、李占恒、宫魁斌、洪保秀诸位此时都给孩子买了钢琴。王文杰就动员我把他家多余的这架钢琴买了。这架钢琴当时价位是2600元，这笔钱会花掉我们家全部的储蓄。我们决定把这架钢琴买到家。

当时海英已上初二，这个年龄不大可能学琴了，只好让上小学四年级的海泉学，没有料到，这架钢琴开发了孩子的智力，启动了他的音乐潜能，最后成了一名创作歌手，成了一个音乐人。

在我家放钢琴那面墙的上端，悬挂着一张较大的彩色照片，这就是海泉把小小的治先托举着向上的图景。这是一种有内涵的象征，就是希望治先能得到海泉精神的鼓励，不停止向上的努力。

海泉每次从北京回到沈阳家中，也要听听治先学琴的成果。

有一次，治先给舅舅弹了两支名曲后，海泉又让他弹了《献给爱丽丝》，最后治先还弹了日本动画片的插曲。海泉给予了称赞，希望他好好练，建议他多弹“哈农”。海泉说，“哈农”是令人感到枯燥的曲本，但练好了，再练那些名曲就好听多了。治先点头称是。

海泉说，这“哈农”练习时真的没有意思，但坚持练下去，一定有收获。

有很多看似枯燥的学习内容，持久地学，用心地学，肯定要有意想不到的收获。

还有一次，海泉回来，大家又让治先给舅舅汇报弹《献给爱丽丝》，海泉听了直点头。治先弹完后，海泉对他说，千万不要忘了，要练出几支曲子，最后有七八个曲子，弹得很熟练，什么场合需要弹奏时就弹奏一下，人家欢迎你再来一个，你也有准备，可以再弹一曲。不能只熟练地弹一个曲子，这一点很重要。

治先小的时候，我们就常给他讲他舅舅“北漂”的故事，讲海泉如何一个人在异地创业，遇到过什么样的挫折和艰难，都是怎样克服的。

海泉初到北京，两眼一抹黑，没有根梢，没有后台，他愿意靠自己的艰苦拼搏去打开一片天地。我因为曾在北京军内外的报纸和刊物编辑部实习过，帮助工作过，有自己不薄的人脉。我把我在北京的好朋友20余人的联系方式写在一张纸上，也可以叫“联络图”吧，我说海泉，你在北京遇到了困难，或有什么事情自己做不下来，需要找人帮助的时候，就可以给我的朋友们打电话，这些朋友都会帮你的。

两年过去，海泉一个人也没有去找过，一个电话也没有打过。有的朋友倒是问我，你儿子来北京了，住哪儿？怎么没和我们联系啊？

那个阶段的确是海泉最困难的日子，但他本人却并不觉得难。我把朋友问我的问题转给了海泉，海泉回答说：我什么都没做出来，找人家干什么啊？当然会有困难，有困难自己克服就完了呗！他就是这样乐观向上，谦虚谨慎，不懈追求，终于赢得了属于自己的一片天地，成长为大家喜爱的一个歌手。

通向成功的道路是没有捷径可走的。

幸福，是奋斗出来的。

成功，是打拼出来的。

治先也经常缠着舅舅，让他讲他那些肯于吃苦、追求理想、永不放弃的往事，从中受到启发，但舅舅很少讲自己的事，总是给治先讲他熟悉的别人奋斗的故事。

◎ 帮助孩子多获得课本以外的知识

2008年，东北育才学校举行了一次“模拟销售”活动，学校教学楼的走廊里，顿时摆开了类似市区常见的早市的阵势，与早市不同的，这里很少卖蔬菜水果，而是卖各种各样的物品，像社会上的一个“销售长廊”。

如今是市场经济，到处有买有卖，兴隆红火。学生在学校里念书，别念傻了，要知道社会是怎么回事，知道销售是怎么回事，知道买和卖是怎么回事。学校的决策者有战略的眼光，用这样的活动调动孩子参与社会市场经济的积极性。

有的家长说，这么小的孩子，让他学经商干什么？以后我们的孩子可不做商人，我们要当科学家。

有的家长说，把个学校弄得像个市场一样，还有没有学校的尊严了？

爸爸妈妈不这样看，他们很赞赏学校领导的英明决定。他们想，学校用这样的办法，使孩子们了解社会上贸易是怎么回事，知道人与人之间的联系是多种多样的，明白社会经济结构最基础的东西，这样的活动，比死板的教科书更灵活、更形象地教会孩子们怎样认识社会的传承和变革。他们十分鼓励和支持治先积极参加学校组织的这样的社会实践活动。

治先从爸爸当时经营的文具店那里批发来一些同学们常

用的各式各样的文具，有一些受同学们喜爱的小物件：笔、涂改液、修正带、橡皮、精制的小本子……爸爸妈妈帮他在每件商品上打上价签，制订了一个销售计划，还搞了个促销活动。

治先买了几瓶冰红茶和一些纸杯，放在自己销售的桌台上，为在他这里购买文具的同学免费提供饮料，而且买两样或三样文具的同学，会赠送一个便宜的小礼物，小礼物是同学们比较喜欢的一些好看的小画片。

实施“模拟销售”的那天，临时的卖场——教学楼的走廊里人头攒动，喜气洋洋，每个同学都有自己专属的“柜台”，还有的打出招牌和广告牌。治先的这个小文具店因为特别适合同学的购买愿望和购买力，销售得很快，不仅上的货卖光了，连本打算随文具赠送给买主的小礼物也有人买，最后一件不剩地都卖光了；治先自己的一个喜爱的小手电筒，也临时当作商品卖给了另一个喜欢收藏手电筒的同学。治先这儿是同学中最先售光备品的一个柜台。

回来算了一下，除去进货成本，还有“上税”即学校学生会收取的管理费，加上免费提供的饮料钱，治先还赚了几十块钱。他明白了上货的价钱与出售时的价钱之间的差价，就是经营者获得的利润。

还有一次，治先作为《沈阳晚报》小记者团的成员，参加社会实践活动，与其他小记者一起，在沈阳市新华购书中心的图书柜台前，向前来的顾客推销一本献爱心帮助贫困学生的图书，20 元一本。看谁推销得多，谁的贡献就大，推销的收入捐给公益事业，捐给需要帮助的人。

遇到了这样的活动，家长必须全力以赴地支持和帮助。不要以为这种活动是多余的事，不要以为这种活动与学分无关。

那次活动时，我们全家人早早就赶到购书中心观摩。我亲眼看到治先如何向走过身旁的每一位顾客，热情地全力地推销手中的书。有人听说这是捐助贫困学生的一个活动，扔下一本书的定价——20 元钱转身就走，也不要书。治先就追上去，把书交到这位顾客手中，对他说："谢谢您！这本书也很好啊！拿回去赠送给亲友也很好啊！"

这样的活动对治先的性格形成有很大的帮助，一是直接与陌生人接触，锻炼自己的社会交际能力；二是参加这样的公益活动，让他知道为那些需要帮助的人付出时间和精力是值得的，是一种快乐。他这次售书共卖出 10 本，是小记者团中卖出书较多的一个。这 10 本书中，有他姥姥为支持他积极上前购买的 1 本。

◎ 让孩子从小学会理财

治先从小最先接触的钱，就是每年长辈们给的压岁钱。治先小，他的压岁钱让妈妈代为保管，治先从不乱花钱，主要是用于买玩具和文具，很少买零食。妈妈帮他记账，收入多少，都是谁给的；支出多少，花在了什么上。一笔是一笔，清清楚楚，这一点给了治先很深的记忆。

去英国留学后，在花钱上，治先坚持计划支出，每笔钱进账和付出都有记录。他自己预算出伙食费要多少钱，买衣服（校服）多少钱，零花多少钱，交通费多少钱，超市购买生活必需品要多少钱。每笔钱都按计划来，心里有数，不乱花，不乱买东西，主要用于吃饭，在伙食的花销上也不买太贵的菜。家里给他的钱和他自己历年收入的压岁钱，在那儿有一个数额，他记得清楚，量体裁衣，足够用了，从来没有把钱花光了、花冒了的时候。家里给的生活费肯定不会全花光，手上有备用款子，以防突发的花销。

周末不出校，同学聚会不会有大的花销；同学过生日，送小礼物，互相都赠送具有纪念性的、并不贵重的小物件，更多的是自己花费心思做的礼物，别看价格便宜，意义却很深。

在国内，如东北育才学校的教室和宿舍走廊里都有饮水机；在英国学校这儿没有饮水机，更多的时候自来水是可以直饮的，喝了也不拉肚子，治先就买了个塑料杯子，接自来水饮。后来听说英国的水硬，喝多会掉头发，就和同学们一样，自己买瓶装水，买大瓶的，买便宜的。为了省钱，后来就不买瓶水了，桶装水也买大桶的。在英国卖 17 便士一桶，合人民币 1.7 元，够喝两天的。治先在高中时代一直喝这个水。课余时间去超市就多买几瓶回来，上坡走一大段路，拎几瓶水，就像山里人挑水沿着山路走回家一样。

治先的爸爸妈妈都把事情想在前面，尽早准备。家长有这样的习惯，对治先的影响很大。包括到哪儿去玩，都提前设计好路线，规定好时间，从来没有“走哪儿算哪儿！”“到时候再说吧！”在他们身上，那种无计划性的事情从来不会发生。在治先的记忆里，爸爸妈妈在生活、学习和工作上，都是计划性很强的人。

比如订飞机票。在校期间，这样的事都是治先自己解决，他提前设计好，不用家长帮助。12月初在“圣诞节”前后放假回家，他在这一年的九十月份就提前预订飞机票了，而且是往返的。出去旅游，去哪儿？坐什么航空公司的飞机？哪个航班便宜些？有时候，治先宁可自己多折腾点，多停留一两个经停地，宁可夜里到达目的地，也要预订便宜再便宜的机票。因为他有预见性，早早下手，常常是他一个往返的机票，等于或不及平时人们单程的机票的费用。

有时我问他，这样早就订了机票，不怕到时候，学校临时有事情需要延长几天而使机票作废吗？治先说不会，这一个学期，哪天做什么？什么时间放假？什么时候返校？学校都提前告知得明明白白的，而且从没有发生过临时修改时间安排的事情。

理财不仅仅是管理钱财的收支，更重要的是要算明白学费的账，现在有很多孩子并不把父母交的学费当回事，这值得深思。

英国大学没有门禁，包括宿舍区，24 小时都是开放的。学生几点熄灯，几点出去，几点回来，没有人管，完全是自己把握。

学生是独立的人，不分男女生，公寓待遇是一样的，一人一间房。

上课呢？也无人点名。学校希望大家按时去上课，但不强制。有的同学嫌老师讲得慢，就自学了；有的课学生认为自己学过了，可以不去听课；你觉得你自己看书理解得更好、更透，不来课堂听老师讲也完全可以。

在这样自由度非常高的环境里，在这样完全由自己把握自己的情况下，治先几乎没缺过一堂课。

治先曾在心里算过一笔账，按大学的学费，一共多少课时，每节课的费用在人民币 2000 元左右。他认为旷课是一件十分浪费钱财的事情。不去听课是很不合算的，很划不来的。

老师的课讲得的确是非常之好，一些老师都是闻名全国或闻名世界的科学家，他们著述甚丰，名气颇大，能听到他们的课，实在是一种幸运，为什么要缺课呢？

每天早上，治先都早早地起床，进行早餐，之后来到不同的课堂。因为不同的课程在不同的教室里讲，需要赶场去听，没有固定的座位，自己早去可以占到一个方便听讲的座位。

有的同学因为睡得晚，早上起不来，就缺了课。治先认为这太可惜了，实在困了，如果自己想起床也不是很费事的事儿，一个闹表的闹铃或手机预设叫早，完全可以解决。

治先说，缺课的事，或不好的事，就是不能让它有开头。

万事开头难。有了第一次，就会有第二次；有了第二次，就会有第N次。有了不去的第一次，以后也很容易找个理由、找个借口就不去了。

自己原谅自己是很容易的。养成了这个动不动就不去上课的习惯，在远离家乡远离父母的异国他乡，那就彻底地糟了。

“不对的事不能叫它有开头！”治先的这个理念，也从学习应用到生活中去，非常管用。

◎ 培养孩子找准自己的职业方向

“天上掉馅饼”的事，只在梦里出现过。在现实的社会，无论国内国外，任何一个地方，想找一份可心的工作，都不是一件容易的事情。

哪个国家都一样。在英国找一份工作当然也是最难的一件事情。一个毕业生的接收单位，当然要看他的学习成绩，这是重要的一个方面，另一个同等重要的方面，是他的相关经历，他的社会实践，他的实践能力如何。

英国学生十分重视实习的环节，学生的经历往往是一张白纸，就是从低年级的学习生活到高年级的学习生活，而一个大学生需要特别注意丰富自己的简历，让简历不简。

治先大一的时候就开始做这方面的探求和努力。治先喜欢的是自然科学，到剑桥后越来越细化了，他更喜欢的是材料专业。读大一时，学校没有实习安排，但爸爸妈妈为治先找了一家科研单位去实习。这家单位就是沈阳金属研究所，是隶属中国科学院的国家一级研究所。

治先在这个研究所实习了一个月。治先在剑桥刚刚学了一年，学懂了一点物理和材料的基本知识，而在这个所实习的都是在读的博士生和硕士生，他们正在导师指导下攻克自己的课题，他们拿到科研成果才能毕业，才能拿到学位。

治先首先进了钢铁科研组，那里的学姐和学长对他很友好。很多东西，治先只是在概念上懂一点，有些专有名词，治先得用所学的英文词汇对照着中文词汇，反倒听不大懂，及时上网查一下，才知道他们说的是个什么意思。跟着他们，参观他们的实验，从而对国内的科研环境，有了一定的了解和体验，这对于治先是一个很大的收获。

治先实习结束时，金属研究所专用材料与器件研究部主任杨柯为他出具了实习证明。杨柯是知名科学家，1961 年 2 月出生于辽宁省抚顺市，1982 年毕业于大连理工大学材料学院金属材料专业，1985 年和 1989 年在中国科学院金属研究所分别获得工学硕士和工学博士学位，1991 至 1993 年获英国皇家学会奖学金并在英国牛津大学材料系工作。1993 年中国科学院金属研究所破格晋升他为研究员，1996年被评为博士生导师，已培养博士研究生毕业30余名。他是研究所学术委员会和学位委员会委员。他个人署名的证明，是对治先在此实习期间表现的肯定和褒奖。

读大二暑假时，治先参加材料系一个科研项目，这个项目是剑桥大学材料系与英国、欧洲科研所与企业的合作项目。治先被选拔到德国慕尼黑林德公司去实习，实习时间为10周。这也是治先第一次到企业去实习，是第一次去英国之外的欧洲其他国家。

当时实习生的工资每月700欧元，治先在慕尼黑租用的单人公寓每月的房租是900欧元，除了公司给的工资以外，院系也都给了他一定的补助，这样才勉强够租房和吃饭的费用，仍有部分生活费用需要自己承担。在英国以外实习的学生，只要申请，院系就会赞助你一部分费用。

治先在德国实习印象最深刻的，是德语真听不懂。在公司，在研发部门，大家都受过高等教育，德国人不占多数，治先说英语，他们也说英语，但治先不在场时，他们就说德语。只要出了公司，甚至出了研发部门，这里所有的场合都不用英语了。超市，街头小铺子，水果店，餐馆……全说德语，对于治先来说，只好全靠比画了。

德国物价低，慕尼黑经济发达，是德国物价最高的城市，高过首都柏林，却也没有剑桥物价高。德国人很友好，与德国朋友出去吃饭也都是 AA 制，没有谁请谁。公司没有早餐，治先也不在住处自己做，他每天早上在去坐地铁的路上买个面包吃，中午在公司食堂吃，只有晚饭在住处自己做。从他租住的那个住宅出去步行 30 秒就有个超市，步行 5 分钟就到“中国超市”，买米买菜特方便。所以只要时间允许，治先都是自己做饭吃。

在德国期间，治先还找机会去了柏林，去了新天鹅堡，还在周末去了奥地利维也纳音乐大厅，听了一场音乐会，演奏的全是贝多芬的作品。他还去看了皇家的夏宫。这些安排是治先想在有条件的时候，尽量开阔自己的眼界。

到了大三时，考虑到未来的去向，可能继续读博，也可能从事科研工作，跟了系里的 60 多岁的比尔·科莱恩教授做了两个月的科研项目。科莱恩教授也很愿意让他参加到这项工作中来。教授很好，带他的那位山姆博士也很好。他们热情待人又学问渊博，这让治先对这个研究方向颇有兴趣。如果选择读博，导师很愿意收他，也会继续做这个科研项目，并且使他对科研方向有一个连续性。

在治先看来，读博最难的是奖学金。学费和科研经费，一年下来自己要承担 50 万元人民币，四年就是 200 万元，而奖学金没有达到理想的数额，家里就要付很大一笔开支，治先很礼貌地谢绝了导师对他读博的建议，决定硕士毕业后就直接工作。

治先高中毕业报考英国的大学，大学几年的费用是很高的，海泉舅舅早早就明确表示，一定不要因为钱而中断应该在英国学习的进程。

海泉为了治先能够自立并有一定压力和责任感，提出可以“贷款”给治先，所有花销都一应提供，让他工作以后再还给舅舅。不是简单的资助，最后一定要学有所成，做出一番事业。

这样的方案让爸爸妈妈和治先都觉得十分满意，十分感动。等于治先向舅舅借了款，款子要还，他在使用时也知道节省不乱用。这样资助治先读书的方式，对孩子是无后顾之忧的帮助，也是提高孩子学习自觉性的一个督促。治先说：“如果不是舅舅有这样的话作为前提，我甚至不会走到出国这条路上来，更不会走得这么远，不会走到今天。舅舅一直是我坚强的后盾！”

上大学，尤其毕业后是读博还是找工作，找什么样的工作，治先都及时请教舅舅。每一次，舅舅都会给予他宝贵的重要的影响，帮他做出正确的决定，给他好的建议。

就拿是读博还是工作来说，他问舅舅，舅舅一句话：“一定要做自己喜欢的，先不要考虑能挣多少钱，拿到多少报酬。”

舅舅的话对治先影响特别大。当时身边许多同学去做投行、做咨询，选择工资很高的工作，不管学的是什么专业，也不管自己内心向往的是什么。当时对这种收入较高的工作，治先也心有所动，但治先对这个工作，内心并无兴趣。一些学长、学姐的选择，对他也是有影响的，因为他们的起薪是他现在选择的工作的二倍，将来工资的差距会更大。

要不要也去做这个工作？要不要放弃自己的专业？正在治先犹豫之时，是舅舅的一番话，及时点醒了他，最后在读博和工作两方面他选择了工作，在做什么工作更合适时，他选择了自己心仪的公司，坚持了自己喜爱的专业，做了自己最喜欢的工作。

在投档寻找接收工作单位时，恰好两个都是治先喜欢的公司对他发出了邀请，一个是劳斯莱斯，一个是捷豹路虎。两个单位相比较后一个待遇稍高一些。治先高兴得一时不知如何选择才好，便问了两个舅舅，一个是海泉，一个是在日本东京大学毕业后做造船业高管的曲锋舅舅。两个舅舅几乎做出了一致的回答，这回答让治先在短时间里做出了自己最后的决定。海泉在第一时间通过微信回复："根据你能学到更多东西为主，这才是最重要的。未来中国航空发动机系统是最需要这方面人才的。要以学习和积累经验为第一要务，而不是单纯考虑在这个公司的晋升。你不要想一直在这个公司工作下去，没有人在一个公司一直工作下去，能学到更多的东西才是最最重要的呀！"曲锋舅舅也是和海泉舅舅完全一样的观点，两个舅舅几乎是同时回复了他的提问。治先有了两个舅舅这样明确中肯的指导，立即做出了自己果断的选择。

第 8 章

丰富多彩的留学生活

人生的好多事情都不是事先预计好的，比如送治先出国留学。原来并没有这个打算，只是熟人家的孩子有去英国留学的，这自然对治先和他爸爸妈妈有直接的触动和影响。

13 岁的治先走出国门，无论是对孩子，还是对家长，都是一种挑战。面对全新的国外生活，不是家长把孩子一送出去，孩子自己就能适应，而需要出国前就培养孩子的各种能力和素质。当然，留学并不是孩子的唯一选择，凡独立生活的孩子，都能从治先的经历中得到启发。

◎ 父母必须学会面对孩子的背影

最初的“预谋”只在爸爸妈妈两个人之间进行。因为这样的计划如果很早就让孩子知道，最后没有变成现实，对孩子正在进行的学习，是一种“干扰”和“破坏”，非是小事。

这一年冬天放寒假的时候，还没有完全确定出国，爸爸妈妈想到这件事如果能成，对治先在英语方面做些突击的准备是很必要的，即使出不了国，也只有好处没有坏处。于是，他们找到了教授英语的杨薇老师，治先的文科不大强，特别是作文是一个弱项。就让治先跟杨薇老师学用英文作文，当然也学其他雅思必学的课程。这是全方位的雅思课程，在寒假里学了一个月之后，治先考试成绩是平均 6.5 分，满分是 9 分。这个成绩不高也不低，以这个分数到英国去读高中是够用的了。

在这之前，爸爸妈妈为治先出国的事，做了多方咨询，找到了出国留学的路径，而这个雅思的成绩，也让他们送孩子出国有了一定的把握。

可是，出国留学毕竟是孩子去学，不是家长去学，这样的选择必须征求孩子本人的意见，孩子的意愿到底是什么？他想不想出国学习？他这一票像联合国常务理事国的票，特别重要，特别关键，决定能去还是不能去。到了这个时候，爸爸妈妈就和治先摊牌了，他们说了家长的打算，很认真地找治先谈，说爸爸妈妈还没确定是不是要把你送出去学习，你自己想不想出国留学？13岁的治先没有任何的犹豫，他的回答只有干干脆脆一个字："想！"

在爸爸妈妈与他商量，征求他意见之前，治先自己曾在网上查阅了国外一些学校的情况，特别是查阅了先他出国的吴冠廷哥哥去的那座英国的私立学校，那是一个有800年历史的老校，中国孩子不少。特别是经过这座高中学校的学习，会有去如剑桥大学等世界名牌大学的机会。这是治先十分向往的。

治先的爷爷段昭华是1960届清华大学的毕业生，曾在一座有几万工人的大厂做电力总工程师，单位曾派其到德国学习和工作，他在治先的心目中一直是仰慕和追求的榜样。八九岁刚懂事的治先就瞄准了爷爷的母校，他常对爷爷说："爷爷，我要当你的校友，我肯定要去清华念书！"爷爷总是笑着对他说："好啊，好啊！"这次治先把目标转到去英国上学了，13岁的治先开始对爷爷说："爷爷啊，我不想当你的校友了，我要上剑桥！"

2010年9月的一天，1997年出生这时已是13岁的治先，乘坐阿联酋航空公司的航班从北京起飞，飞往迪拜，然后转飞英国曼彻斯特，开始了他的留学生活。

治先离开北京首都机场时，家人们——主要是爸爸、妈妈、姥姥、姥爷、舅舅、大伯，都来送行。

治先是与爸爸妈妈、姥姥姥爷坐同一个小车从沈阳开到北京来的。早上6点钟从家出发，这天的天气很成全我们，680公里的路程，下午1点钟就到了北京。

治先的大伯段承宇是乘坐动车从沈阳到北京来的。治先的舅舅胡海泉则作为东道主在北京极热情地接待了我们一行人。

和治先同时考上英国露丝学校的有一位老乡同学刘碧琦。这个女生与她的爸爸妈妈等亲人是乘坐飞机从沈阳到北京的。非常巧，治先和碧琦是同一个航班，这就有了伴儿了。

刘碧琦是一个很清秀的小姑娘，戴一副浅色边框的眼镜，说话时轻轻一笑，很甜。她父亲是大高个子，很壮实。母亲是一位大学老师。这个女同学与治先同一年级，大他3岁，学习优秀，见识宽广，去过美国、日本。爸爸对治先说，你比姐姐小，但你是男子汉，该出头干力气活儿的时候，要帮姐姐一把。

我们到机场候机航站楼时，碧琦正在窗口办理登机手续。

治先和碧琦托运的行李都不超重，要求在23公斤以下，他们托运的行李都是22公斤半，事先自己已经称了又称。因为行李超重1公斤要罚500元人民币呢！他们背的双肩包也不超重。机场对背包的重量要求是7公斤以内。妈妈担心双肩包超重，从中拿出了长袖上衣和随身带的两块月饼（因为这时正是中秋节前后）。

首都机场很大，很壮观。从进入航站楼的那一刻开始，治先就自己推着大行李，背着行囊，手里还拎着笔记本电脑包，谁想帮推、帮背、帮拎，他都不让。他自己推着机场备用的行李车，像一个经常走南闯北老练的旅行者似的。

我说，这样也好，就当他一个人到了国外机场，亲人都不在身边。现在亲人都在身边呢，但就当不在啊，锻炼孩子的适应能力。治先很积极，也很乐观。

因为签证下来得晚，一周前才提前购买治先的机票。一个单程就8000多元人民币，后来治先放假回国都是自己提前预订往返机票，往返才只有5000到6000元。这次第一回出国，治先乘坐的飞机是A380，为什么一定要买这趟阿联酋航班呢？因为法航和欧洲其他一些航空公司不允许15岁以下的孩子单独乘坐飞机。15岁以下孩子出行，必须有大人陪同。阿联酋航空公司则放宽尺度，他们要求的是，12岁以下的孩子不能单独乘坐。治先13岁了，是可以单独乘坐的呀，这样就买了阿联酋的机票。

我看见治先把这次登机用的登机牌和护照拿在手里，把在迪拜转机用的登机牌放在有拉锁的背包里，还有那张取行李的小票，也同时放在另一张登机牌上。我暗暗称赞他小小年纪这样有条不紊，做什么事都有秩有序。

治先的大伯承宇喜好运动，身体倍儿棒，是搞建筑设计的专业人士，是有专业范儿的滑雪和羽毛球运动员，他抓紧时间嘱咐大侄，在英国留学要选一个自己喜爱的体育运动项目，比如长跑，或者其他哪一项，而且一定要坚持做下去。不要精于读书，懒于运动。

治先与碧琦各自推着行李车，从国际及港、澳、台旅客入口进去，其他人不让再往前送了。治先两个人直行约有 200 米，就踏乘坡形电梯下去了，他们俩竟然没有一个回头看的！这是我们没有想到的，也够令我们长辈们失落的。

我联想到治先考上东北育才学校，刚上小学一年级，最初送学生的班车来时，都是学生家长相送，有爸爸妈妈、爷爷奶奶、姥姥姥爷之类的长辈。别的孩子把手臂伸出车窗与家长勾连，车上车下不少人都在抹眼泪，似有一百个、一千个舍不得，可是治先上车后就找一般大的同学玩起来，不怎么顾及在车外送他的家长在干什么，直到车开。

治先和碧琦两个孩子走得没影儿了。他们在里面我们看不到的地方排长队等待安检。送别的一群家长竟然没有一个离开的，都想到如果有事情或万一他们遇到什么麻烦，我们大人都在这儿呢！其实什么事情也没有发生，我们足足等了20分钟后才分别离开。

我们离开时，看到阿联酋机组人员——就是治先他们将乘坐的这个航班的机组人员经过我们身边往里进，他们的空姐一个个在帽子底下右侧有一条白纱巾垂下，很有中东特色。而且在这个机组里有一个中国女孩，个子挺高，约20岁的样子。我默默地希望他们能对飞机上的两个首次出国的中国孩子关照一下，当然只是在心里默念一下，不可能贸然上前去打扰人家。

在往回走的路上，他妈妈说她在一本杂志上，看到一段对她很有启发的话："父母必须学会面对孩子的背影，如果硬要孩子转过来面对你，他就必须用背面对未来。"我觉得这话说得太好了，太妙了，太精彩了！

在从沈阳到北京的路上，我挨着治先坐着，我握着他的手，眼睛就湿了；在吃饭的时候，我对着他坐着，我看到他就想哭；在机场大厅，更是这样。他马上就从身边离开了，远行了，我一想到这儿，眼睛就湿湿的，如果多待一会儿，眼泪一定会流出来。我一直没让治先看到我的眼泪，担心影响到他的情绪。可是他的背影从机场国际口消失的一刻，我再也受不住了，我流出了滚烫的眼泪。这时，我看到海英的眼泪正无声地往下淌呢。治先才13岁，就这样出国留学走了，他出国是不是太小了点儿啊？

后来才知道，治先这一次航行晕机晕得厉害。这也成了他后来出国、回国往返最大的精神负担。曾有一年他和他妈妈去云南，在盘山路上，在火车上，在飞机上，他都晕，这是他一块心病。在阿联酋航班的飞机下降的时候，他晕得不行，感觉要吐，用英语与空姐说，请打开机上的洗手间。因为有规定，飞机下降时是需要关闭洗手间的，否则对于乘客是不安全的。治先就在座位上吐了……

飞机于当地时间凌晨降落迪拜，候机 4 个小时后转机飞往曼彻斯特。此行前，治先和碧琦与校方联系过，校方派出学校的面包车到机场接到了他们俩，还有其他航班的另两个同学也乘坐同一面包车，车行一个多小时后，到了他们向往的露丝学校。

◎ 露丝学校的全新生活

放下行李就安排了住处。宿舍是三人间，三床，三桌，三柜。治先的两名同学室友，一个是香港人，一个是乌克兰人。香港同学说粤语，治先听不懂，而治先讲的普通话带有东北味，香港同学也听不明白。这样，他们仨的交流就干脆用英语，说英语就都没有什么障碍了。

对于在国内育才学校 6 人一室的宿舍来说，这 3 人间就够好的了，比那个 6 人间面积还大，治先感到非常满意。这个宿舍是这个学校一个毕业生当了大法官后捐款建成的，宿舍是以他的名字命名的。这个毕业生曾回学校讲演，治先见过他一回。

宿舍另有一个客厅，一个游戏室，一个健身房，厨房、淋浴房和洗手间。在房间里不能视频通话，不能打网游，只有到厨房才有网，大家都去厨房，不要说看视频了，连音频都卡，与家人联系就主要靠打电话，好在这里的电话费是很便宜的。

上网则是治先到英国第二年才便利许多。开始时网速也不高，看视频就卡，上个网页还算凑合。

学校的食堂一直不受大家待见，都说不好吃，吃得很不习惯。比如早餐，一人一顿 5 英镑，午餐和晚餐也是一人一顿 5 英镑。按当时换算，相当于人民币 50 元。早餐有煎鸡蛋、培根、烤肠、烤蘑菇饼，烤西红柿，另有牛奶、面包、麦片、咖啡、茶、水果。煎鸡蛋、煎培根和烤肠，这些食品不是每天同时有的，今天是煎鸡蛋，明天是煎培根，后天是烤香肠，变换着供应。

露丝镇上有两家中餐馆，其中一家是小型的外卖店，可以预订中餐盒饭，5 英镑一盒，需要自取，不给送。明显比学校食堂做得好吃，中国学生都很爱吃，但学校伙食费是开学时一次性交齐，不吃也不给退钱，所以即使不怎么好吃也得吃，治先很少在中餐馆预订盒饭，也有不少中国学生不在乎钱，经常订盒饭。

开始时，一学期三个月，零花用不了 100 英镑，都觉得很不值得花钱，因为一兑换人民币，觉得什么都贵得不得了，1 英镑等于 10 元人民币，当时两个币种是 1 比 10 的汇率。本来计划要买的，只因为标价英镑，乘十后，觉得太贵了，一般不是急用的就不买了。

学校有洗衣房免费为学生洗衣并烘干，衣服上有名签，洗完了给你叠好，自己去取回。治先喜欢穿校服，平时很少穿自己带来的衣服，因为学校规定要穿校服，男生是黑西装，黑皮鞋，白衬衣，系领带。治先觉得穿校服的好处就是不用想今天我穿哪件衣服啊，不用动这个脑筋，买七件白衬衣换着穿，每天换一件，一周七件，一周到洗衣房送一回，把一大袋衣服给洗衣工，洗完后一大袋还给你。冬天，在西装外面套一件大衣；春天只穿衬衫，不穿外套。

学校在一个小村庄里，从学校走半个小时才能走到镇中心，周围是北威尔士山区。环境优美，只是不方便出行，除非自己有车。英国同学中有开车来上课的，但要满 18 周岁才可以驾车。治先和多数同学年龄没有达标，不准买车、开车。这个地方没有飞机场，不通火车，有公交车，到镇中心有一站。相邻的那个镇通火车，要出行，得到那里坐火车，再换乘其他火车。离得最近的大城市是曼彻斯特。曼彻斯特是英国前十城市，而且曼联足球特别有名，可惜治先不看足球，也不关心足球，所以他对曼联队情况一无所知。但他知道，要去曼彻斯特，得到相邻的那个镇的火车站，坐火车才可以到达。如果去曼彻斯特市区或曼彻斯特机场，几个人可以合打一个出租车，也很方便。

就是这样一个小镇，就是这样一个学校，恰恰特别适合读书，是特别适合学习的一个地方。这也是治先感到特别满意之处。

在这里上课，首先是选自己喜欢的擅长的几科，这样你对自己选了的课程一定是感兴趣的，学习起来也上心。这不像在国内，上大课，一个学生要学十来科呢，数理化，史地政，同一年级的学生全一样。在英国，你一个班的同学也可以各自选不同的几科，你就上这几科你自选的课，别的课不用去听了。到了期末，考试也只考你报的这几科。治先选的是数学、物理、化学，都是他爱上的课。他们同一个寝室的三个学生，选的课也不一样，有的选学经济啊，历史啊，法律啊。因为大家的课不一样，所以就不在同一个课堂上课了。

学校老师也分几个导师组，一个导师手下有十来个学生，早上也是各上各的课去。一节课40分钟到45分钟。这就是这个学校学生上课的状态。

每天早餐后，就要回寝室收拾上课用的物品，然后赶到要听课的相应的教室去。

课间休息，可以喝点水，吃点东西，大家在一起聊聊天。在英国，少有上晚自习的学校，露丝学校上晚自习，这是校长常去中国招生，从而了解并借鉴了中国教育方式，在他们学校设晚自习，而且点名，必须到，把晚自习变成做作业的时间。与他们相邻的一个学校，下午两点就放学了。

下课后、晚餐前，学生可以选择参加各项活动，包括球类运动。治先却参加了做西餐、织毯子和做手工等课余活动。做西餐，学习煎鸡蛋，煎培根，做汤，把土豆切成块，清水煮熟，用葱油煸一下。有时把土豆切成段儿，在榨汁机里，用盐水一打，熬一下也是汤。

因为学的科比在国内少了，睡得早了，起得晚了，有时间参加课外活动，也有时间打游戏、看动画片了。

无论在国内还是国外，很重要的是，孩子的学习要自觉地养成计划性。

治先初到英国上课，前一个月完全是适应期。很多课他都不是特别的适应，所有老师讲课都用英语讲，板书也全是英文，手上的教材也全是英文，老师与同学间的互动问答也全是英语。

开始时，听还可以，可是轮到说，连最简单的对话都说不出来，说不准确。简单的几乘几没问题，什么平方，几次方程，解个方程，用英语就不会说。还有化学里的各种元素，在国内，“元素表”背得呱呱的，氢，氯，字母知道，英语单词就不知道了，氯化氢化合物，有机物命名，英文名词不知怎么写。出国前练过听力，练过阅读，上课时听懂了，心里明白就是嘴上倒不出来。

治先他们后来出国的同学，在这方面准备得充分一些了，出去之前补过课，事先学过了，可是治先他们那一茬，真的不会说，一知半解。这种状态大约是过了一个月之后才开始好转。

治先对比国内与国外的课，他认为国外出的题简单，国内的题出得复杂。国外的题知识面广，但没有国内的深。国内是题海战术，听课也听明白了，教科书也全看了，但仍有不会做的难题。所以在国内，大家都使劲做题，做海量的题，尽量做到遇到什么样的题型都能对付，都能会做。在英国，只要上课认真听讲，把知识点听懂了，自然就会做题了，都是很基础的东西，不需要你做很多的题。这是国内外做题方面的差别。

在国外，准备考试的时候，没有那么紧张，明天考试，今天还看动画片；下午考试，上午还看动画片呢。但后来，竞争越来越厉害了。考试成绩 A 需要得 80 至 90 分，B 需要得 70 至 80 分，C 就在 70 分以下了。这种争取好成绩的竞争日趋激烈，让学生们学习更加努力了，都在追求满分。看谁最后扣的分少，包括所有熟悉的老乡在内，都力争获得 90 分以上的 A+ 的好成绩。全分满分是 600 分，有的最后就扣 1 分、2 分，这样高的考试成绩在英国学校也陆续出现了。

由于学生学习成绩普遍在逐年提高，考取大学成绩的要求也就越来越高了，要求 90 分、95 分，很多同学都以满分为目标。

考试，在很大程度上是看平时学习成绩的积累。平时学得好的同学，考试就显得相对轻松很多。有的平时学习不很用功的同学，“临时抱佛脚”，就显得手忙脚乱、着急忙慌的了。平时不大用功的，复习就很累。

治先的爸爸妈妈重视并支持孩子参加校内外的各种比赛，这有利于孩子竞争意识的加厚和“实战”本领的增强。

他们认为，孩子参加一些比赛，可以激发他强烈的求知欲，让孩子认识到，只有具备比别人多的知识和能力才能领先，这样会促使孩子努力学习基础知识，努力掌握一些必须掌握的技能，可以增强孩子的参与意识，克服胆怯心理，克服保守心理，克服自卑心理，不放过可能到来和经历的一些机遇，另外可以增强孩子的自信心，在竞争中孩子自己会对自己做出判断和评价。

如果竞争中取得了好的成绩，会进一步激发他上进心；如果在竞争中成绩不好，也会提高他的耐挫能力，让他从小品尝到竞争失利的滋味，这一点尤为重要，因为孩子在成长中一定会遇到挫折和不顺，在竞争中的失利，就预先让他领受了这样的教训，锻炼了他的承受能力，从而激发他不怕挫折、不怕困难的奋发向上的精神。

另外，有些竞争是多人合作参与，这会让他看到集体的力量智慧，认识到在人生和事业发展的道路上，友情是不可少的，团结是特别重要的。

在竞争中，孩子的好奇心、好胜心会受到鼓舞。

在竞争中，可以发展孩子的个性，并让他得到在课堂上得不到的另一种收获和另一种快乐。

治先到了英国后，开始就曾参加一些数学比赛，那种个人参加的比赛分为几轮，最初是有个简单的考试，考的结果都是大家差不多，都很好，治先也拿过金奖，拿过最好的一等奖。后来参加过校外的更高的、更难的如奥林匹克数学比赛，对这项活动不是很了解，没有进行太多的准备，甚至学校方面也没提供太多的支持。去参赛等于“裸考”。考试时发现自己没做过相关的题，看到批回来的考卷之前，不知考试是什么模样，会是什么样的后果。

英国的奥林匹克数学比赛，治先拿过优秀奖，就是比一般参加比赛的同学成绩好一点,但他没有进入接续比赛的第二轮。

学校比较重视的是团体赛——全英数学比赛。每个组四个人，由两名高年级同学和两名低年级的同学组成一个代表队。

露丝学校的四个人，由高年级的吴冠廷、孟凡凡和低年级的段治先、刘碧琦组成。他们首先参加了北威尔士地区的比赛。

第一轮比赛，由于他们重视不够，没有怎么准备，也没特别在乎，他们有说有笑，喝茶水，吃饼干，轻松愉快，因为看到出的题他们都会做，顺利地拿下了地区比赛的第一名，为学校争了光，他们自己也感到很高兴。

又过了一段时间，全英国的比赛要在伦敦举行。比赛当天是中国的春节，即大年初一。代表露丝学校的又是他们四个中国学生。他们从露丝小镇相邻的小镇乘坐火车来到伦敦国王十字火车站附近的一家青年旅馆住下。

比赛的前一晚上，正是中国的除夕即大年三十，他们四个人中的中心人物吴冠廷的妈妈正在伦敦读研究生。吴妈妈给他们包饺子，并带了酒赶到他们住的旅馆，一起度过这个中国除夕之夜。

零点时分，即除夕最令人激动的时刻，他们和学校带队老师弗兰奇一起吃了饺子，喝了酒，治先没有喝。

第二天早晨起来，6 点多钟吃过早餐，就前往比赛地点，来自全英国 50 多支参赛队伍，什么贵族学校，什么男子中学、女子中学，全是优秀的高中生。在这 50 多支队伍中，唯有他们这个代表队全是中国孩子，他们四个人代表了露丝学校的最高水平。

虽然最后公布的成绩并不太靠前，考了个 20 几名，在整个参赛队伍中属于中间稍靠前一点，但这样的参赛经历，让治先开阔了眼界，扩大了交际，长了很多见识，其收获是蛮大的，不是所获得的分数和名次能充分体现的。

◎ 剑桥的三场面试

治先留学到英国，他所在的那所学校的校长就是剑桥大学毕业生，这对治先报考大学选择剑桥有一定的影响。

在治先出国留学一年后，妈妈用假期去看望儿子，曾与治先共同生活了一些日子。这其中很重要的一天是他们一起来到了向往已久的剑桥。这也是治先第一次见识剑桥，他特别羡慕这里的环境，他对妈妈说："这就是我要来的地方！"

妈妈和治先一起同露丝学校校长说起考剑桥的事，校长对治先的情况了如指掌，他说，段治先考剑桥会遇到两个问题，一个是英语成绩有问题，如果英语成绩上不去，考剑桥是不可能的；另一个是监护人的问题，据目前的情况看，治先若按部就班地考上剑桥，他的岁数不符合英国大学对学生年龄的要求，上英国大学一般最小要16周岁。如果不够16周岁，大学很难发放签证。因为英国学生签证分两种：16岁以上的普通学生签证和16岁以下的儿童学生签证，而大学一般只能签普通学生签证。

另外，不足16岁的学生住校，涉及复杂的未成年人监管问题，需要有直系亲属作为监护人陪读，并且学校不会提供住宿的地方，需要自己在校外租房子住。我听了这样的说法，马上表示：我和孩子姥姥愿意去陪读，不必为此事担忧。

治先在英国读高中期间，眼睛盯的就是剑桥，因为在剑桥这座名牌大学的各个年级都有他的熟人，英语成绩他可以加速提高，只是担心因为年龄小而被拒。

在高中课程即将结束的时候，治先就开始填写报考大学的申请书了。治先知道自己年龄小，在剑桥录取的考生中也许还没有他这样年纪的先例。这真的是一个很大的问题。

在英国有报考大学的网站UCAS，你要报考大学就在这个网站上登记申请。治先在这个网站申请报考了5所大学，也许

5 所大学都录取你，你可选两个，第一志愿和第二志愿。如果 5 个都回复让你面试，这就要由你来决定，哪个作第一选择，哪个作第二选择。

治先申报了 5 所大学，其中 3 所明确拒绝了他的申请，原因多半就是年龄问题。其中有在英国湖区附近的兰卡斯特大学，这座大学在英国整个综合学校排名并不高，但它的物理学很不错，治先看重的就是这一点，他申报的 5 所大学，这所大学是最兜底的学校。结果这所大学和剑桥的面试时间通知在同一天，治先当然首先选择了剑桥，这是毋庸置疑的，宁可被拒也不能放弃剑桥面试的机会。所以治先很礼貌地对兰卡斯特大学说明了不能去面试的原因，他实话实说，因为与剑桥的面试时间重叠在同一天了。

治先发出邮件没有多久，兰卡斯特大学得知治先是这个原因不能来面试，竟然明确地告诉治先，他们决定不通过面试，直接录取他。啊，直接录取！这让治先永远心存感激，这是一所令治先无比感动的大学啊！

兰卡斯特，兰卡斯特，治先从心底永远感念并铭记着你！

剑桥大学也只能报一个学院，治先在报考之前询问了很多学院的招生办，问他们接受不接受年龄小的比如 15 周岁的学生？多数学院仍以他年纪小，怀疑他自主能力有问题，这么小，上大学课，学习行不行？能不能跟上？几乎几个学院都以同样的理由对他的申请不予理睬。

只有塞尔文学院的回答，给他的渴望留下了一条明亮的缝隙："我们不会因为你年龄小而拒绝你，还是看你成绩够不够，看面试的结果吧！"

塞尔文！塞尔文！

剑桥录取学生对雅思英语成绩的要求是听、说、读、写四科平均过 7.5 分，单科成绩不得低于 7 分。露丝学校校长对治先最担心的就是他的英语成绩。结果治先英语听力和阅读分别是 9 分，口语和写作分别是 7 分，平均是 8 分，这是一个令人满意的很不错的成绩。雅思成绩出来的时候正好是治先在剑桥面试后，还在等结果的时候。露丝学校校长第一时间将治先的雅思成绩告诉了塞尔文学院招生办，打消了他们对治先英语水平的顾虑。

塞尔文学院是以塞尔文先生的名字命名的学院，他是英国派去新西兰的第一任主教，塞尔文去世后，为了纪念他，人们建立了以他命名的学院。

我在塞尔文学院的餐厅里，在那悬挂着各个时期塞尔文学院院长的油画肖像的墙上，曾看到这位先生的肖像挂在正中央。

这个学院曾出过一位著名的畅销书作家罗伯特·哈里斯，这是我到了这个学院才知道的。哈里斯是英国最重量级的畅销小说家。1957 年出生于英国诺丁汉，就读于剑桥大学塞尔文学院时，已展露出过人的才华，他曾任剑桥辩论协会主席。1993 年，他出版了小说处女作《祖国》，一夜成名，从而转向成为一名小说家。此后的《密码迷情》《大天使》《庞贝》都是风靡欧美的畅销小说。因为题材新颖，情节构思精巧，其作品常常被拍摄成影视作品，由国际大导演罗曼·波兰斯基执导的电影《庞贝》于2011年上映。我国人民文学出版社2012年出版了许琼莹翻译的哈里斯的小说《祖国》。这个信息让我对塞尔文学院有了新的认知。关于塞尔文学院出了个畅销书作家的信息，治先就是入剑桥就读几年后也并不知晓。只因为我是从事文学写作的人，所以对这个学院出了这样一位著名作家十分敏感，心存敬意。

在接到剑桥面试通知之前，与治先同时毕业的几位要好的中国同学都先后接到了申请学校的面试通知，这时唯独治先没有接到面试通知，这让治先有些着急，嘴上都急出了泡。原来剑桥的面试时间比其他院校要来得晚些。

2011年12月初，露丝学校校长决定派出一位数学老师陪同治先去剑桥面试。这是因为治先年纪小的缘故，请一位老师陪同面试，是校长先生给予治先的特殊关照。

陪试的老师是格林博士，男性，30多岁，为了打消面试老师对治先年龄小的印象，治先自己做主佩戴了一副眼镜，以为这样可以显得面相老一点，不要让面试老师一见面就觉得他太小。他本人平时并不怎么戴眼镜，这个戴眼镜面试的决定是他临时做出的。结果这副眼镜戴上后，治先有一种眩晕不适的感觉，但为了让面试考官能把他的年龄估计得比实际年龄大一点，也就硬挺着不考虑那么多了。

剑桥提供一晚上的住宿，格林老师的费用学校承担，治先的费用自己出。他们俩是从曼彻斯特乘坐火车到剑桥的，到剑桥后打的赶到面试考场。

治先未进考场之前，就有几位老师听说有一位年纪偏小的中国考生，只有 15 岁，都为之感到好奇，也都过来看治先是怎样的一个孩子，是个什么模样的人。

首场面试官是塞尔文学院招生办主任、化学老师詹姆斯·基勒博士。他首先问治先多大了？哪儿来的？今天感觉怎么样？为什么要报考剑桥？为什么要来塞尔文学院？为什么要报自然科学？为什么要报物理这个学科？还问他高中化学都学过什么？

治先感觉这是一位很温暖的先生，所以他回答得很自然，并不是刻意准备过的。

回答为什么报考剑桥大学时，治先说：剑桥是世界上最好的大学之一，也有学长、学姐在这里学习，以前参观时曾来过这里，很喜欢，很向往。说到为什么报考塞尔文学院时，治先说，因为只有这座学院允许我这个还不满 15 周岁的孩子报考她，这种包容和宽容态度让我十分感动！治先真诚地说，我和塞尔文学院有缘。至于为什么报考自然科学这个专业，治先回答，因为自己喜欢课余读这方面的书，对这个学科有很浓厚的兴趣。

随后这位考官问了治先一些与化学相关的问题，这些问题都肯定是没有学过的内容，考官边问边讲相关的一些知识，然后看你理解能力如何。治先根据自己现场消化和理解的尽力做了回答。

第二场面试的老师也是男性，问的是物理和相关材料学方面的问题，治先对物理也是特别感兴趣的，他的回答让考官十分满意。这位面试老师在治先录取后上大一时，给治先上过辅导课，而且一直是治先的学习顾问。

第三场面试是由一位女老师进行的。她提出的一些数学方面的问题，都是治先在高中时学过的东西，并不难答。

三场面试，每场时间都在 10 分钟到半个小时之间。治先一直到面试结束仍很紧张。紧张的不是老师提出的问题，而是他认为剑桥的面试，是他人生中最为重要的一个面试，疏忽不得，马虎不得！

面试之后，治先就放寒假回家了。

爸爸妈妈到机场接他的时候，一句也没问面试的事，虽然这是他们最想知道结果的事，却也是最不敢轻易打听的事。面试的事情太敏感了，他们担心问这个事，会给治先造成压力和负担。就连“上剑桥更好，不上就不上，没有关系”这样的话，虽然很想说一下，很想给孩子宽解一下，却也没有说出口。治先也没有主动讲面试的事。

家长和孩子双方一切都心照不宣。那时，治先曾心想，剑桥不录取，说不定就回家跟爸爸炒股了。

2012年1月4日，还差11天治先才满15周岁。一个月的假期结束了。这一天，治先与几位在英国上学的同学离家返校，他们乘坐荷兰航空公司的飞机到阿姆斯特丹转机。

阿姆斯特丹正在经历着一场大的暴风雪。阿姆斯特丹机场是欧洲主要的机场之一，所有的航班都因暴风雪而取消，所有滞留的旅客都排着长队改签。

治先和从沈阳一起返校的4名同学，还有其他从国内别的城市出发汇聚到阿姆斯特丹机场的两名中国学生，在一起排队排了整整8个小时！

从沈阳出发的5人中，除治先外，另4位都是女生，且都比治先大，都是他的姐姐。他们互相帮助，轮换着在排队的队伍里站着，谁都可能需要出去解个手，吃点东西，喝点水，歇一小会儿。

在这儿排长队，这么长时间应该是很疲乏、很累的，可是大家都在心里更为惦记的，又都不便说出口的，是剑桥面试的结果。

其实，他们几个同学，人人都有机会上剑桥，谁也不比谁差。可是面试会是什么结果，谁也不能预知。这几个同学也和治先一样，心里一直是忐忑不安。

排队有5个小时左右的时候，在阿姆斯特丹机场候机大厅里，一位同届同学接到了露丝学校校长先生的电话，校长给他们5名同学轮番用电话报告面试结果。

在5位同学中，有两个人，其中包括治先，直接被剑桥录取了；有两个同学直接被拒了；还有一位同学“待定”。这位“待定”的同学报考的是最难录取的三一学院，而且是剑桥三一学院里皇冠式的数学系。她的成绩也达到了剑桥的录取标准，但是没有达到三一学院的标准，所以被放到了“待定池”里，供其他学院考虑。过了些天，剑桥另外一个纽纳姆学院（戏称“牛腩学院”）又通知她去面试一回，最后把她录取了。

这样，他们同行的5人，是3进2拒。被拒的两位女生也是相当优秀的，她们后来去了帝国理工大学，这是在英国除了剑桥和牛津外，全英名列第三位的好学校。

对于治先，这个阿姆斯特丹机场暴风雪的夜晚，是烦躁的、疲惫的，却因为这条被剑桥录取的喜讯而变成欢快和喜庆的了。

治先就在这个机场的暴风雪之夜，把这条喜讯用电话报告给了家人。

爸爸妈妈就此吃了一颗定心丸，爸爸为此在家里还自饮了一瓶雪花啤酒，他饮酒的时候眼泪儿都出来了，啊，儿子太不容易了！

2012年10月初，治先到剑桥报到，他在心里大声地呼喊着：“剑桥，剑桥，我来了！”的确，这一天真的来了，这一天来得很不容易。

这不是治先第一次来剑桥，他来过剑桥两次了。一次是与妈妈报团旅游到了剑桥，另一次是报考剑桥面试到了剑桥。但这一次，却有别于前面两次。这一次，他是以被剑桥录取的新生的身份报到来了。这是值得铭记的一天，这是值得骄傲的一天。

和妈妈来旅游，在剑桥的街里逛时，对剑桥市容有所了解；和陪同自己来面试的老师来剑桥，那时还说不准会不会被录取，能不能如愿成为这里的一个学子。如今以一个学生的身份，来到这里，到收发室用自己的证件领取学生宿舍房间的钥匙，他把那钥匙握在手上，望着院子里青嫩的一株小树，心里的滋味是甜甜的，他似乎在对小树说："我要和你一起在这里长大！"

在剑桥，学生没有双人间，都是一个人一间寝室，只在个别学院有双人套间，二人共用一个客厅，但卧室还是属于自己一个人的。治先的卧室约16平方米，开窗可见学院内碧绿的草坪。室内家具都是比较新的，有自己独立的卫生间和淋浴间。

他们这个宿舍是20世纪90年代建的，但是在整个学院里当时算最新的了，也是学院唯一有电梯的宿舍，虽然只是二层，但这就为上下楼搬东西提供了很大的方便。治先是善于计算的，他一周住宿的费用是148英镑，合近1500人民币，而在国内的学校，这个钱数大约是一年住宿的费用。

说到这里有一个小插曲，当时治先到了学校住进这样好的宿舍，却一点好心情都没有，怎么回事呢？这是因为在机场取行李时，他所乘坐的这趟航班把他的行李搞丢了！电脑、证件、电子产品、衣物，全在行李里。

机场工作人员说，先回学校吧，回去听信儿。这是法国和荷兰航空公司的飞机，他们说，找到了行李就给邮到学校去。

四天后，治先收到了航空公司给寄来的行李。飞机把他的行李给错带到其他机场了。

之所以能顺利地把行李找回来，是因为治先按照妈妈的叮嘱，事先做了几个小牌牌，牌牌上用中英文写着自己的姓名及在英国上学的院校名称、详细地址、手机号码……治先的每件行李和他的双肩包等都拴着这样的牌牌。妈妈说过："不怕一万，就怕万一。万一发生了丢失或遗落的情况，会有机会被发现，被找到，被寄回。有备无患。"

看看，这样细小的事，如果真的没有事先准备和安排，就会麻烦很多。

治先到剑桥第一件事，就是去百货商店买被褥、床单、枕头、枕套、毛巾等日用品，学校提供的只是床垫子。买了东西很费劲地拎回来，走了20分钟的路，却找不到自己的宿舍楼，不认识路了。当时治先并没有买衣服，他觉得在这里买衣服很贵，自己的行李很快就能到了，行李里有想穿的衣服。

就这样，他从沈阳家里穿来的衣服连续穿了3整天！

◎ 留学期间可以适当勤工俭学

每次治先放假回家，都给亲戚和老师、同学带点礼物，基本上是在小镇上的乐购买的英国的饼干和英国的巧克力。其他的东西也买不到，也不必花费什么钱、花费太多脑筋去想礼物的事。

治先回家就想吃中餐，特别是姥姥做的牛肉盖饭，还有饭馆的混汤面、烤肉、羊肉串儿、烤鸭、春饼、火锅、羊汤、烧卖……这些想吃的，爸爸妈妈都能满足他，让他吃了个遍。

第一年治先从英国放假回家，妈妈给他找了个活儿，即给几个学妹讲课，讲化学、讲物理，一节课 3 小时，每人付给治先 150 元，治先等于利用假期勤工俭学，参加社会实践，同时也温习了自己的功课，又有一定的收入。

治先的课讲得很认真，听课的小同学和家长反映很好。最开始，治先讲这些高中的课，很紧张，要备课，后来越来越熟练了，基本上看一眼书就能讲了，对于他自己来说也是对以往功课的温习。

这些学妹挺爱学，治先很喜欢她们。他也理解了老师为什么喜欢爱学习的学生，为什么喜欢学习好的学生，学生消化了老师讲的课，老师会感到很欣慰。他的课有时在家里的饭厅上，有时在东北大学一间空教室里，上完了课，他要留些作业，过后要检查作业，看哪儿错了，为什么错了。治先一共上了十几节课，他和听课的孩子年龄差不多大，有育才的校友，也有沈阳二中和四十三中的学生。听他课的同学中，有一个后来考上了剑桥，两个去了帝国理工，还有一个考上了帝国理工没有去念，去了加拿大。

治先上了大学后，他和有的听过他课的同学仍保持着联系。

◎ 剑桥的魅力

在剑桥是有正式晚餐的。这个晚餐不仅是吃饭，还是一个庄重的仪式呢！

治先所在的塞尔文学院每周二和周四就是正式晚餐的日子。男生要着正装，穿学袍；女生要穿裙子，外面套上学袍。

晚餐开始时，大家都端坐在长条椅子上，等服务生端上一道、一道菜，按西餐的吃法，分前菜、主菜、餐后甜点，最后上咖啡或茶。

正式晚餐历来是剑桥正规的社交平台，所以这个晚餐的仪式感很强。每个学院举办正式晚餐时，只有本院的老师学生才可以买票，并且要提前一周买票。既可以购买自己一个人的，又可以购买两个人的，也可以用社团的名义预购多人的，甚至可以包场。

同学到本学院以外的其他学院出席正式晚餐也是很流行

的社交活动。有的同学，在校期间，参加过所有学院的正式晚餐，这也是一种人生的经历。

我问治先参加过多少个学院的正式晚餐，他说，一共31个学院，他参加过一多半吧，大概是25个。

晚餐成了仪式之后，给剑桥的老师和学生扩大交往范围、扩大朋友的圈子、增长见识，提供了一个绝佳的平台。

对于在剑桥就读的中国学生来说，中餐馆是特亲切的一处所在。

学校的食堂，普遍是西餐。早餐煎鸡蛋、培根、香肠、面包、牛奶……天天如此。

天天吃西餐，中国学生也会适应，但还是会经常想念在家吃的大米饭、小米粥、小咸菜、炒豆腐、豆浆、油条之类，那是家乡的味道，是中国的味道。

治先上课的地点是不固定的，上课的地方离学院很远，到了吃饭的时间是赶不回宿舍去的。一般午餐就在上课的地方吃。多数时候是到中餐店里吃，这个店没有吃饭的座位，很多人愿意站着吃。

上课的地方附近有两家中餐外卖店，店名分别是“兰香楼”和“回味轩”，这两家挨着。因为是外卖店，所以其实并不准备让顾客在店里就餐，所以店面很小。但是直接在店里吃也是很方便的，所以午餐时间仅十平方米的店面就人满为患了。这里有吧台，沿墙有凳子。更多的时候，同学们一手端着饭碗，一手拿着筷子，站在地中间就餐。

治先和同学们常常是吃盖饭，红烧牛腩、土豆牛腱、糖醋排骨加大米饭，分别叫牛腩盖饭、牛腱盖饭和排骨盖饭。在这里吃，用的是中国碗，原是5英镑一份，后来涨到5.5英镑一份，等于人民币55元一份。

治先的晚餐要么在学院食堂吃，要么和同学一起去饭店吃。有一半时间是吃中餐，一半时间是吃西餐。剑桥有多家中餐馆，涵盖了国内的很多菜系，主要分粤菜和非粤菜两种。治先去得最多的是沈阳老乡关昕开的那家“天天美食”。日子久了，治先与被称作“关姐”的“天天美食”老板关昕关系处得很好。关姐对他和中国学生很照顾，经常在结账时打个折、抹个零儿什么的。

我曾几次去“天天美食”就餐。这家馆子门前有一块令人羡慕的亮眼的牌子，上面写着：“当代最伟大的物理学家霍金先生经常光顾的中餐馆。”那牌子上有霍金喜欢吃的几道主食和菜肴。其中有一道以这位伟大科学家名字命名的菜叫“霍金土豆片”。我曾问治先：霍金真的来过这家小店吗？治先说，是啊，他本人就曾在这里见到过霍金也来此就餐呢！这是多么幸运的一刻啊！与这位伟大的科学家同店就餐是多么值得骄傲的一件事啊！

还有一家中餐馆叫“万里云”，是一家历史悠久的粤菜馆，治先和中国同学也是常去的。这家馆子有粤式早茶虾饺、汤粉之类，也很受中国学生的欢迎。

剑桥还有日式料理和泰国菜，治先偶尔也去一下。有几家是当地英国人开的，其中有一家牛排店，很不错。这家牛排店我也去过，我当时是午餐时间，和家人一起去的，店里没有一个空闲的座位，要排队等座，光顾的人颇多。

学校有洗衣房。治先念高中时，是有人把你的衣服洗好、叠好送来，学费里包含了这笔花销。到了大学，需要自己到洗衣房去操作，在洗衣机上投币，洗完后自己烘干、熨好，全是自己干。

在英国，天气潮湿，晾衣不易干，烘干机用得很普遍，不像在沈阳，天气干燥，晾一晚上衣服就干了；在英国，几天都晾不干，总是潮湿的衣服就容易出馊味儿了，所以在这里烘干机是必用的。洗完衬衫，需要自己熨一下，很多同学自备了熨斗和熨板。虽然学院洗衣房也备有熨斗和熨板，但是治先觉得还是自备更方便，更卫生些。

剑桥的管理这样“松”，是如何保证学生的学习质量的呢？

一般人不会知道，剑桥用的是那个百用百灵的办法：末位淘汰。

每年一次期末考试，成绩分一等、二等一、二等二、三等。三等成绩拿不到就是不及格，不及格的同学就会被退学了，看准了，是退学啊，不是留级，而是直接回家。

治先认识的一位同学是学数学的，数学在剑桥是“含金量”

最高的学科，当然也是最难学的一门学科，十个同学里就有一个被退学的。

有一个尼日利亚的同学，是一个黑姑娘，她背负着全家甚至全村人的希望来到剑桥上学，“压力山大”。她知道剑桥期末考试的规矩，一到考试就特别紧张，她对这样残酷的考试机制十分恐惧，最后上了考场，没发挥好，不及格，被学校退学处理了，说什么都不管用，只好流着眼泪离开了剑桥。

这样的“末位淘汰”机制，成绩至上，结果至上，也确保了大家努力学习，你不去上课，不去努力学习，如果成绩好，学校不管你；如果成绩不好，后果十分严重。

学校也有人性化的一面，不完全是刻板和教条的。如果你平时学习真的很努力，平时成绩也很好，只是期末考试有特殊原因，或没能参加考试，或因身体不好和家里有特殊事情，没有考好，也可以考虑综合你的全部成绩，允其过关。有一个中国学生在考试期间，突发心脏病被送到医院抢救，出院后，学校允许她进行了补考。考试结果不错，学校就允许她第二年继续上学。

每到期末复习阶段，大家都非常努力。在国内高中阶段很紧张，考上大学后相对轻松了许多；而在英国恰恰相反，高中时轻松很多，考上大学后才紧张呢！每年的期末复习，仅卷纸就有一拃高，要看的书，能有一椅子高。在这样的环境里，每个人都要付出百分之百的努力。

治先坚持不缺课，坚持不让旷课这样的念头冒出来，坚持不好的事不让它开头。在大学的四年里，每年的期末考试他都获得了一等的最好成绩，就是说，他连续四年获得了一等的成绩。

第 9 章

剑桥的毕业典礼

参加剑桥的毕业典礼，对于我们家庭中的每一个人都是全新而难得的人生体验。剑桥的毕业典礼，给人以庄重、神圣之感。

治先从 15 岁考入剑桥直至毕业，是他学习道路的一个较为圆满的句号。但这个句号并不意味着结束，而是一个新的起点，未来的路还很长，也很远……

◎ 剑桥毕业典礼庄重的仪式感

毕业生进入毕业典礼殿堂之前，是需要进行预演的。

这天下午 3 点钟，获得学士和硕士双学位的治先和其他获得不同学位的同学们，都穿着黑色的长长的礼袍，在自己所在的塞尔文学院排队集合，进行“彩排”。有老师给讲典礼的程序，有几位同学模仿接受院校领导授予学位，提前走一个过程，给大家打个样儿，其他同学站在拍毕业照的一级级错落的分层台子上观摩、见习。

治先的“亲友团”包括他的爸爸妈妈、姥爷姥姥，还有从东京远道而来为治先庆祝这个庄严时刻的大伯的新婚女儿——王媞及其夫婿山西真嗣，还有治先在剑桥学习时相识的几位要好的已经毕业的学长。

剑桥对毕业典礼的着装，有明确的要求和规定，不仅是毕业生，包括参加典礼的家长和亲友，都不能随随便便穿衣戴帽，要求男士一律正装，女士一般情况下都要穿裙装。强调要正式，要庄重，要整洁。被授予学位者，要提前预租相关的黑色学袍，到学校指定的剑桥街上的三个专卖店，除了身材高矮胖瘦之外，还要把你的年龄、之前的学位、将要获得的学位、专业类别和所在学院的名称一起报给专卖店的店员，他（她）能帮你弄清楚你该穿什么样的袍子，该戴什么颜色和款式的帽兜。帽兜一共有八种不同的样式，每种样式的材料和颜色都有所区别，这与之前的最高学位和将要获得的学位相对应。

在学袍里面必须穿深色外套，校方对此有极明确的要求："深色即黑色，但极深的深灰或深蓝也可。"三一学院还明确补充说："深棕色不可。"男士统一外套为深色礼服或西装，内穿长袖纯白衬衫，这个"纯"字被放大，加粗一倍，下面注明"无花纹"，系白领结和两根飘带。

女士可以穿深色连衣裙或白衬衫配深色裙，裙子要过膝，但又不可太长；除了传统裙装也可以穿深色的套装，条件是裤子必须长及脚背，与上装颜色一致，样式也必须协调。女士上身可以再套一件白色或黑色的羊毛开衫，但不管是哪一种外套，袖子的长度必须超过臂长的四分之三。哈！太具体、太细致了！

校方对袜子有特别的要求，男士必须是纯黑短袜，鞋子黑色，式样严肃，不可以有小花或坠子等饰物，不许穿凉鞋或靴子。

这些要求和规定极为细致和明确，是不可改变、没有通融余地的。

毕业生的家长和亲友们比获得学位的学子们的人数还要多很多，在预演时就啪啪啪地不停拍照。向评议堂进发之前，毕业生先列队，塞尔文学院毕业生一共有三十多排吧，每排四位，治先在靠前面的第三排。

治先很要好的朋友“廷哥”即胡文廷，就是高他六届的那位家在辽宁大连的剑桥毕业生，他已在英国工作，专程从外地赶来参加治先这个学弟的毕业典礼，二人的情分自在其中。

治先在毕业生队伍里，顾不上我们。“廷哥”带领我们一行人走向典礼现场，他凭剑桥毕业生卡，顺利通过门卫的检查，领着我们在剑桥国王学院的院子里穿行，因此比在学院外面走要近许多。而且让我在这座学院的院子里得见《再别康桥》的作者、诗人徐志摩那块令我神往的诗碑，并在那里拍照留念：

“轻轻的我走了，
正如我轻轻的来；
我挥一挥衣袖，
不带走一片云彩。”

剑桥所有的大街小巷此时都拥满了人，特别是那条国王大街，真有点水泄不通。每年这个时候，举行毕业典礼地点附近的酒店、餐馆、商场都人满为患。

我们这些家长亲友，比获得学位的学生们要提前到毕业典礼现场。我们凭邀请函进入会场并被安排了指定的座位。

邀请函上不确定你在几排几号，只规定你在楼上还是楼下。治先是特意为我们要了楼下的票，完全是按照进入会场的先后顺序，先楼下，后楼上；先中心，后两侧。没有给什么人预留座位这种事。我们几个去得较早，恰好在距离颁发学位的院校领导那把红椅子最近的座位，很是幸运。

这个评议堂历史悠久，是一个非常古老而庄重的场所，举架很高，显得特别宽敞、明亮。它建于1722年至1730年，几百年来，从这里走出多少各界的精英啊！每个剑桥学生，只有在这个评议堂拿到那张毕业证书并从这个评议堂的大门走出去，才算正式毕业，因而这是一个权威的殿堂。

如果你选择不参加毕业典礼，也是可以的。学校可以把毕业证书邮寄给你。

颁发学位证书的仪式开始之前，评议堂的嘉宾席已座无虚席了。连楼上两侧也都坐满了人。

有一个院校首领入场的仪式。前面两位右手持着银杖的老师引路，后面就是那位要坐在盛典最中心位置的德高望重的学院院长。院长着正装西服，外面却套着超宽大的白领红袍，头戴四方的博士帽。在整个会场，只有他戴着这个帽子。

剑桥毕业的博士生不戴这个博士帽，所以在剑桥看不到那种男女博士生把那方型的帽子抛向天空然后跳跃离地的毕业照。

博士的称谓是终身的。早在20世纪70年代，美国总统尼克松首次访华，先行一步做沟通安排的美国国务卿基辛格，新闻报道时就称之为“基辛格博士”。

在此典礼上，只见院长大人步履稳重，面容慈祥，在现场走了一圈之后，落座在那只最中心的褐红色大靠背椅上。在他落座之后，授予学位的活动才正式开始。

◎ 欢腾海洋里感激的浪花

院长落座后，学院的一位年纪偏大的负责人，身穿红白相间为主色调的长袍，安排毕业生，一拨、一拨走上前来，然后他摘了帽子，大声向院长——也是向全体嘉宾用拉丁文宣读，大意是：“尊敬的院长和大学，我谨此向您引见这位先生（女士），我知其在人品和学术修养上均能够获取此学位，在此我以我的信誉向您保证。”

他郑重地担保，依次走上前的每一个学子，都有资格获取将要被宣布获得的这个学位。

在那位端坐着的院长身后有一位女老师，她开始宣读第一个学生的名字。这位毕业生健步走上前，双膝跪在院长面前的一个红布包着的小小的方垫子上，学生双手合十伸向前，院长立即用他那红润的双手把学生的双手握住，并用洪钟般的嗓音用拉丁语说着什么，我一句也听不懂，后来有人给翻译出来，他对毕业生说的大意是这样的："我以我所有的权力，以圣父、圣子和圣灵的名义授予你学士（或硕士或博士）学位。"有时他会十分人性地、禁不住用英语小声对学生亲切地说："祝贺你！"

我和姥姥距离这个红椅的位置特别近，每一个毕业生的每一个细小的动作我们都看得清清楚楚，所有的话都听得清清楚楚，只是听不懂。爸爸妈妈比我们稍远一小点儿，但他们在第一排，看得会更清楚。

塞尔文学院队伍的前几排。每一排人走到前面，都要把双手与学院方领队那位老者的手并在一起，这位老者照样隆重脱帽宣布：这几位同学都配获得这个学位，我用我的人格保证没有任何问题。

我们特别注意一身英气的治先健步走到院长面前，在全场嘉宾目光的注视下，怀着感恩之心，从容地跪在那块小红板上，向培养自己四年的剑桥大学致敬、致谢，他虔诚地专注地望着院长，院长慈祥的目光透过镜片向他传递着信任和厚爱，大声地说了那一段拉丁语，并用英语向他表达了祝贺之意。

治先退后两步，向院长鞠躬，然后健步走向颁发毕业证书的执事官。他的黑学袍领口露出恰到好处的白衬衣，脖子上的白领结及附加的两条短短的白飘带，都是那么得体，尽显青春活力。他同时拿到学士和硕士两张毕业证书。

院长一直用同一语调、重复同一段拉丁语的话。不同毕业生的区别只是学位的名称而已，连精通英语的人也听不懂他说的这段话是什么意思。只能听清楚有时他最后用英语加说的那句祝贺的话。

我们一直观摩到最后一个毕业生，这是一个高个男孩子，他单独走上前，接受授予。这个学生是幸运的，许是最后一位，院长与他多说了许多话，尽管我们听不懂，但想来一定是叮咛、嘱咐与祝福吧。

毕业生凡是被院长抚摸过手的获得学位者，都起身后退几步，然后眼含感激地给红衣长者鞠躬。毕业生队伍里，只有一位阿拉伯人，因信仰和民族习惯，他没有跪在院长面前。

每位毕业生走出评议堂大门之前，都在一位学校执事官那里拿到了属于自己的一张或两张剑桥毕业证书。那张证书很是单薄，很是简朴，却凝聚着唯剑桥才有的不一样的智慧和知识的沉甸甸的分量。

就这样，在不到两个小时的时间里，一个学院的毕业生进行完了仪式的全部议程。然后散会。

我见有两位老师把我们身边桌子上的两本羊皮书庄重地提起来，似觉得那分量十分的重，据说那里有全部毕业生的名单。

所有参加毕业典礼的人都被通知不准用相机或手机拍照，

也不准录像。

毕业生家长怎能不想为自己的孩子在这庄严的时刻留下令人终生难忘和自豪的影像呢？学校替每个学生和学生家长想到了这一点。当过后我们见到治先从学校带回的毕业典礼的照片时，我们真的折服了剑桥的真诚和精细。

写到这，我就想起所有写剑桥毕业典礼的中外人士几乎都要引用的一句话："只为了剑桥大学毕业典礼，就值得来剑桥读一个学位。"这好像有点夸张，却道出了剑桥毕业典礼这个仪式在人们心中神圣又崇高的地位。

当我们走出评议堂——这个毕业典礼的圣殿，外面的院子里早已是一片欢腾的海洋。

所有的毕业生和他们的家人、亲友，都在这里握手，拥抱，寻找各种好的角度拍照、录像。我和治先两个人先到临时搭起的帐篷里，排队办理毕业证书镶框事宜。

到处都是欢喜的笑脸，到处都是庆贺的话语。

治先及时地向我们介绍一位导师，五六十岁的英国男士詹姆士·基勒，他是治先化学系的主任，同时还是塞尔文学院的高级导师兼招生办主任。

这位老师讲述了当初因治先年纪不达标即还没到16岁，录不录取他曾有过的思考和犹豫，他就是四年前剑桥面试治先最后决定录取治先的那位老师。他向我们讲述当时因为看到了治先优异的成绩，看到了他清秀的模样，感受到了他对到剑桥上学的渴望心情，也看到了他的潜力，就决定录取了他。这个决定直接影响了治先后来的走向，并将影响他的一生。爸爸妈妈同治先一道，向这位老师表达了发自内心的感谢。

治先在这里还见到了驾驶私人飞机专程从露丝学校飞来，表达祝贺之意的高中母校的校长托比·贝尔菲尔德先生。这位被中国学生和家长亲切地称为“大宝”的先生，是剑桥三一学院毕业的毕业生，今天因他的两个学生治先和另一名女生从剑桥毕业，他重返母校。脸上洋溢着抑制不住的喜悦。

这位校长很有个性，他驾驶私人飞机降落到机场，机场人员要帮他打个的士，竟然被他谢绝，他是剑桥毕业的，对这儿熟极了，自己径直去公交车站坐公交来到剑桥，令机场人员感到十分的莫名其妙：开私人飞机来的，竟连的士都不打！

我陪着治先到专租店去退还那套学袍，我还趁这样的机会，把那庄严的学袍穿在自己身上拍照留念，这可是剑桥的学袍啊！

◎ 烛光毕业晚宴及小苹果树

傍晚时分，在治先就读的塞尔文学院，与其他所有的剑桥的学院一样，举行了喜庆的毕业晚宴。

宴会上烛光闪闪，笑语连连，频举杯盏，欢快无限。

除毕业生之外，我们这些家长和亲友，也在被邀请之列。

当然，全体参宴人员都是正装出席。

我们举着高脚红酒杯，随意地与治先熟悉的老师和同学交谈着。我们见到了治先的导师春子·劳瑞女士，见到了一直关心治先成长的那位主任助理吉娜·维维安奥尼尔老师，她们不断向我们夸赞小小年纪的治先各方面给她们留下的美好印象。我们见到了治先的许多要好的同学，爸爸妈妈分别向治先的老师和学友表达真诚和深挚的谢意……

晚宴后，在美丽的晚霞映照下，我们与治先在他所在的学院的草坪漫步。

还有两天，治先也要从这里搬走了。他在这里生活和学习了四年，这是刻苦的四年，是成长的四年，也是快乐的四年。

走着走着，我们走上了大街，走到了一个连这样的晚上拍照都要排队的地方，这就是那棵特殊的闪烁着科学光彩的小苹果树。

牛顿曾是剑桥三一学院的学生，四百年前就是因苹果掉在地上或砸在牛顿头上，而让他发现了地球引力。谁到了剑桥能不在这棵小苹果树前拍张照呢？我们也在这儿照张相吧！

一棵默默无言的小树，让一位著名的科学家应运而生。这是何等有趣味、有诗意的地方啊！当然，这棵苹果树也只是具有象征意义罢了。一棵苹果树如果长了四百年，不会到现在仍然是青嫩的模样吧？

◎ 尾声：多读书，走远路

剑桥毕业典礼那一日，我们手捧着治先的两个镶了框的毕业证书，步行回塞尔文学院。

治先说要领我们去一个特别重要的地方。

什么地方是特别重要的呢？治先并不马上告诉我们。他说要领我们去的这个地方，是一个令所有人都肃然起敬的地方。

噢？令所有人肃然起敬的地方？

我们一步一步走近它，真的像走近一座神圣的殿堂，这座殿堂就是剑桥大学图书馆。

这也真的是我特别心仪神往的一个地方啊！

剑桥大学一共有多少个图书馆呢？大大小小加到一起共有

114个！都是各个学院，各个系自己管辖的图书馆，而这个剑桥大学的图书馆，却是在全英国甚至全世界都很有名的综合性研究型图书馆。

剑桥图书馆始建于1424年，创建时只有76卷图书，还全是捐赠的。16世纪宗教改革运动之前，这座图书馆一直由大学的牧师会兼管，到1577年才专门聘任了图书馆员和馆长。这是座颇有历史的图书馆！

现在，这个图书馆是世界上最大的图书馆之一。建馆六百余年，藏书六百余万册，仅我们中文藏书就达十万种。1632年，白金汉公爵赠送一批书籍，其中有明版《丹溪心法》的零册，成为这个馆收集的第一种中文书，随后又收到一些零散的中文书籍。

首批大量的中文书籍为威妥玛爵士所赠，共4304册。威妥玛曾在中国居住长达40年之久，其中十年任英国驻北京公使，退休后复任剑桥大学首届汉学教授。他搜集的中午书中不仅有许多参考书，还有大量有关清朝廷礼仪、政治、法律、外交等方面的材料，其中不乏善本与孤本书籍，包括非常罕见的太平天国出版物等。这个图书馆中文部所藏包括商代甲骨、宋元明及清代各类版刻书籍、各种抄本、绘画、拓本，许多都是珍品。

1986年，我国政府赠送这个图书馆4468册书籍。

这些中文图书，在这座令世人瞩目的图书馆里，闪耀着中国五千年历史文化的光辉，代表着中国在世界的位置。

治先在这里读书，在这里毕业，并从这里走向社会，开始工作，他所做出的一切，包括今后取得的成绩，同样代表着当代中国的存在。

我四面环视这座图书馆，真的是雄伟壮观啊！正中间高十几层，四周都是楼，这能放置多少书啊！

治先说，剑桥每个学院都还有自己的图书馆，他说离他住的宿舍步行 5 分钟内少说有 10 个图书馆，但所有的图书馆只能是剑桥师生进入，校外人员不得入内。

在剑桥读书的学生毕业后也可以凭毕业卡进入。治先说，全英国各个出版社出版的书这里都有。英国法律规定，剑桥图书馆是英国六个法定送存图书的图书馆之一，出版社必须免费向其提供自己的出版物。每个剑桥博士生的毕业论文，在这个图书馆里都可以找到。

得知这样的信息，他爸爸马上问治先，你没在剑桥读博，后不后悔？治先说，不后悔。他爸爸说，以后有机会再来剑桥读博吧！治先没有回答，他仰头望了望夜幕笼罩下的图书馆雄伟的楼群。

剑桥图书馆最顶端飘扬着剑桥大学的旗帜。我们在剑河上撑船游览时就看到这个高大建筑上面的校旗了。

馆前有一些摞起来的书的造型，那些书可以挪动成你喜欢的各种形状，可以是整齐的，也可以是散摞在一起的，我非常喜欢甚至赞赏这个创意。

我们包括治先，都在这叠书的雕塑前及图书馆前拍了很多的照片。

我们每个人都应该读书，不仅仅是在学校读书，走向社会以后，也应该继续读书。

我们的人生路能否走得顺，能否走得远，与读书不读书，读得多少，读得是否全神贯注，是否领会精神，是否学用结合，有着直接的、密切的、不可分割的关系。

治先的留学生涯虽然结束了，但他今后的路还远，这个长远的路需要有书的陪伴。

剑桥大学图书馆，作为一个知识、智慧和精神世界的象征，希望成为治先，也成为我们每个人崭新的出发地！

2018 年 2 月 10 日起草于海南博鳌金湾

2019 年 10 月 18 日完稿于沈阳凯悦花园

后记

《15岁的剑桥生》这本小书，可能是在我写的几十本书中花费的精力最多、写作时间最长的一本。

写与不写这本书？我本人和我的亲属一样，都曾十分纠结、颇多考量。治先本人也曾极力反对，不让我写他，他说比他出色的同学有的是，比如白若琦，比如吴冠廷，比如李佳妮……

所以这本书就有了写写停停、起起伏伏的境遇。

最后下决心把这本书写出来，完全是沈阳出版社郑重的、热诚的约稿，从社长张闯、总编辑闫志宏到责任编辑周武广、张畅，他们给予我始终不懈的信任和鼓励，他们从家风家教和社会效益方面帮助我对素材进行重新梳理，对主题进行深入挖掘。

我是治先的姥爷，我了解治先成长的脉络，同时我又是一个作家，写这本书，不是张扬自己的孩子如何出色，而是展示孩子成长过程中家长所做的努力，也许会有助于需要它的人。

给予这本书写作最大支持和帮助的，是我的各位家人，特别是女婿段承钧，他从反对写作到赞成写作的转变之后，与我一起商讨全书的结构和具体的布局，在基本观点和章节的描述方面，与我进行了有效的探讨。

感谢海泉给这本书起了个好的名字。特别要感谢海泉和王宁，他们写的序文，将有助于读者朋友领会我写这本书的初衷，并把握这本书的要旨。

我愿就教于各位读者朋友！

胡世宗

2019 年 12 月 25 日于海南博鳌金湾